夢境告訴我的事

—在夢境中遇見神

謹以此書
獻給我天上的丈夫
——耶穌基督

我的佳偶在女子中，好像百合
花在荊棘內。雅歌二章 2 節

目錄

第一部

神在我身上的訓練與教導

第二部

與人的關係

推薦序1

這本書令我驚豔！

我讀過有關夢的書當中，有人歸納聖經中神如何透過夢對人說話，有人分享解夢的原則，有人把夢中信息傳遞給眾人。我也看過不少人透過繪畫的方式傳達先知預言。但是，這是我第一次看到有人把夢畫出來，而且加上先知預言、見證與信息，真是令我讚嘆！

這也是一本愛神愛人的見證。過去十年來，性妹每做一個夢，就存記在心，在生活中留意聆聽聖靈的聲音，針對自己的生命，針對身邊人的需要，尋求神透過這夢要對她說甚麼。

當她知道了聖靈是藉著夢在教導她某些事情，她虛心受教，求神煉淨自己；當她領受到聖靈要她把夢中的安慰帶給人，她採取行動去服事人；當她再三察驗之後確定聖靈藉著夢要她去勸誡誰，她勇敢對那人說當說的話；當她感受到聖靈藉著夢啟示她禱告的方向，她就那樣為自己、為家人、為教會、為國家禱告。我以我們教會有這樣的一位姐妹為

榮。

　　我認識性姝三十多年了，她的生命經歷過聖靈很多奇妙的工作，其中有許多事情都又大又難，靠著人絕對辦不到。我印象很深刻的是，當年她的男朋友和她參加教會的婚前輔導課程時，還沒有接受耶穌，聖靈的愛在上課期間吸引他，之後他持續追求認識主，不僅信了，今天還是教會忠心的全職行政同工。兩人婚後同心服事神，幸福無邊。她婚後想懷孕，卻因為身體的罕見情況，絕難受孕，經過禱告，在幾乎不可能的情況下懷孕，後來總共生了三個孩子，如今孩子都已經長大，在社會上工作了。另外一件奇妙的事情是，她長久的胃潰瘍竟然在禁食禱告之後不藥而癒。

　　現在，看到聖靈在她耳順之年依然在她生命中做新事，我真是為她大大感謝主。她說她出版這本書是為了激勵那些同樣有先知恩賜、藝術恩賜的人，也起來用這些恩賜來愛神愛人。有先知恩賜、藝術恩賜的人不多，孤單消磨人的心志，同伴激勵人的信心，我相信神會使用這本書來堅固這群弟兄姐妹，活出祂獨特的呼召。

　　舊約約珥書二章 28-29 節，神說：「以後，我

要將我的靈澆灌凡有血氣的。你們的兒女要說預言；你們的老年人要做異夢，少年人要見異象。在那些日子，我要將我的靈澆灌我的僕人和使女。」這「以後」指的就是我們現在這個世代。聖靈來，要藉著先知預言、異夢、異象，來安慰人、勸勉人、指引人，包括基督徒以及未信者，最終目的是要吸引萬民歸入基督的教會。我相信這本書中的每一個夢、每一幅圖畫、每一見證、每一段信息，同樣也會這樣被聖靈使用！

楊寧亞主任牧師
基督教台灣信義會台北真理堂

推薦序2

　　與性姝認識超過三十四年，1988 年我剛到真理堂，就與性姝、軒豁同小組，我的妹妹冰梅也曾來過這小組，冰梅曾是性姝的室友，有幸向她傳福音並帶她來教會信主。

　　性姝有個很獨特的恩賜──做異夢，多年前就曾聽她分享這些神奇的異夢，當時就鼓勵她作記錄，她表示已有記錄，也嘗試用畫作留下夢境的影像。現在她十年磨一劍，終於完成，相當有毅力，我有幸先睹為快，有文字有圖畫，讓人看到神透過這些夢境，和她有許多靈裡的對話，包含神對她的提醒、教導，對她的光照、引導，以及許多細膩不為人道的生命磨練與事奉學習，顯示主的愛很特別且豐富環繞在性姝的生活中，真是嘆為觀止。這是一本很珍貴的屬靈生命、生活的紀念書。

　　詩篇一三九篇 17 節中大衛寫下這樣的話：「神啊，祢的意念向我何等寶貴！其數何等眾多！我若數點，比海沙更多；我睡醒的時候，仍和祢同在」。大衛的詩有很多啟示，他在夢中領受的意念可能也

不少，所以當他醒來的時候，想到夢中情境，他很深的感受神的同在。

　　但願這本書，不只是一本記錄，更是一本見證，見證神在性姝身上的愛，見證神向她寶貴的意念，其數何等眾多！值得細細品味。

黃哲人牧師
吳如惠師母
基督教台灣信義會新店真理堂

推薦序3

　　與軒輅、性姝夫婦認識將近 30 年，記得住在新店的那段日子，我們的孩子年紀都還小，因此常彼此照應（其實他們照應我們比較多啦），妻子怡君和性姝常在接孩子的空檔中，分享彼此自己做的夢，並且試著尋思夢境裡傳達的意思，盼望能揣摩得著啟示。沒想到後來竟聚了幾個姐妹組成一個專門解夢的禱告小組～為夢禱告，真是奇妙，原來我們中間也有像約瑟和但以理的人物。

　　自從我們全家搬到花蓮開拓教會後，與軒輅、性姝多年不見，去年上半年我和妻子回台北時與性姝見面聊聊近況，聽見她將自己的夢境畫出來，並透過禱告寫成「夢境日記」，我不禁佩服她的認真。有人鼓勵性姝將「夢境日記」出版成冊，然而她心中有很多的猶豫以及擔憂，所以請我們為她禱告。在禱告中我在異象中看見：「有一叢看起來像九重葛的樹將近枯死了，經過嚴寒的冬天後，卻重生長出新葉，並且開花一叢又一叢。」其實枯樹就像我們的屬靈生命，因著現實的環境我們自我設限，限

制了神原本要透過我們
彰顯的工作，忽略了神
給我們的恩賜才幹，久
而久之就失去靈裡的敏銳
度及至枯萎，然而當我們幾時
恢復對神的渴望，聖靈的澆灌
會使我們裡面的生命復甦起來甚
至開花結果，信仰因此變得活潑且
豐盛，就像我在異象中所看到的
樹，後來開花一叢又一叢。我相信
《夢境告訴我的事》將開啟讀者對
天父的愛，如同春天綻放的花一樣燦爛。

　　約珥書二章28節：「以後，我要將我的靈澆
灌凡有血氣的。你們的兒女要說預言；你們的老年
人要做異夢，少年人要見異象。」現今正是末世的
時候，聖靈要澆灌凡有血氣的，盼望聖靈透過本書
對您說話，激勵您來尋求祂，燃起您對神的愛，並
且開啟您的屬靈視野。

彭智永牧師
劉怡君師母
基督教台灣信義會花蓮真理堂

推薦序4

性姝堅持了十年，終於完成這本書。我萬萬沒有想到，我竟然由她口中聽到，「良慧是這本書的催生者」，這完全出乎我意料之外，所以當她開口邀請我為本書寫推薦序時，至感榮幸的我，立即就答應了！

十年前，我和性姝曾有機會一同禱告，當下聖靈讓我領受為她禱告的方向，但我早已忘記內容，通常天父不會讓我記得為別人禱告的內容，為的是保護我及保護當事人。

今年四月份時，十年沒連絡也沒見面的性姝，突然和我連絡相約見面。見面時，她交給我一疊厚厚的文稿，告訴我說，這是神吩咐她寫的書，十年來她順服神並忠心的把所有神的啟示都記錄下來。

性姝還告訴我，十年前神告訴她要為主寫書，她感到膽怯，沒有信心；她後來之所以下定決定去寫這本書，是因為良慧在禱告中曾對她說：「為神作畫，為主說話」，她得到了神的印證和鼓勵，因此才開始寫作這本書，這一寫，就是十年。這十年

她一直專心埋首於這本著作，在這期間她的生命受到許多熬煉。好不容易，這本書總算完成了！其實，因為性姝對文字表達有一些困難障礙，著手寫作是很辛苦的，但是她為了完成神的託付，十年光陰以驚人毅力完成了這本書。

　　性姝把文稿交到我手中，希望我可以看稿並為她潤稿。我是她完稿後的第一位讀者，也是為她潤稿的人。為了保留她的筆觸，我只有把不通順的部分潤一潤，不做太多寫作風格的修改，所以本書仍然可以閱讀到性姝質樸純真的筆觸。

　　在她的書裡，夢境饒富深意，文字質樸純真，繪圖細膩雅緻。讓我自己也得到了許多更新！書中的內容都是性姝

親身經歷，並且生命被改變的歷程，她的異夢、她的領受以及神給她的經文，都是為造就她的生命，也為造就所有閱讀這本書的讀者。在主觀的經驗故事中，與神不變的真理相遇，優美的文圖也呈現了她與主之間深厚的感情。

這是一本異夢日記，也是天父向祂女兒顯現的屬靈手札，希望讀者也和我一樣喜愛這本書，並由書中看見神如何向我們顯現，對我們說話，如何真實的與我們同在。

趙良慧
社團法人中華華美媒體傳播協會理事長
needs RADIO全球廣播網
Stars RADIO星蹤之愛廣播網
《愛的生活家》節目製播主持人

自序

　　這本書節錄自我的日記，一本異夢日記。記錄在夢境中與我的生活有相印證的事情。也是透過夢境領受從神而來的啟示，聽見來自天上的聲音，看到夢中的畫面。從這當中，我得到亮光，得到幫助，更得著醫治與安慰。

　　從小就很會做夢，但大多是做惡夢，所以我有一個害怕夜晚，害怕做惡夢的童年。但感謝主，自從信主以後，認識耶穌，學習真理，懇切尋求主，並且在神的愛中，我的懼怕除去了！加上又經歷了許多事，似乎是神在告訴我甚麼事情，

我所做的夢見到神的啟示愈來愈清晰。於是開始養成寫日記的習慣，不管是明白的或是不明白的夢境，都逐一寫在日記本內，為的是記錄在夢境中的詳細內容，和印象深刻的畫面。經常事後，或在隔天，或是數日、數月後，甚或幾年後，真實生活中發生的事情，居然跟夢中所看見的情節一模一樣，而且所看到的畫面角度，也經常和夢中所述完全吻合。

這絕非巧合，而是深深地知道這是出於神的異夢。我很清楚知道神藉著異夢在對我說話，在教導我、訓練我，在限制我、管制我的生命。為的是保護我，隱藏我，暗中教導我生命的功課。我領受了神的吩咐，神要我把這些啟示寫出來，並且把夢中的畫面，真實的呈現出來。這期間我與神建立了不可磨滅的親密關係。我等候祂為我開路，我等候祂為我承擔我無法承擔的痛苦。經歷了許多艱難困苦，我只有默默無聲專心等候祂。讓祂一步一步的引導我，走向完成使命的路途。

在神的吩咐之下，自小文筆不好的我，開始了不可能的任務，就是為主寫書、為主說話。一開始用簡單的文字描述所經歷的一切，也開始嘗試畫

圖，把夢境和意境的感受用圖畫表達出來。當然不是我想像那麼簡單，所以再度陷入極為困難的屢屢挫敗中，跌跌撞撞的走過十年的歲月。對於一個三十幾年在家煮飯，照顧三個小孩長大的家庭主婦，不會寫作，沒有純熟的繪畫技巧，能夠這樣呈現出來，我只能說這真是神蹟，是神奇妙的恩典。

　　有時候畫不出來或自己覺得畫得不好，一再重畫時，我只能跟神哭訴，沒有人教我寫作，沒有人教我繪畫技巧，如何畫出夢境中虛幻的畫面？讓我驚訝又感動的是，我夢見神扶著我的手在畫圖，也夢見構圖的架構，我只要照著神給我的畫面畫出來，就這樣停停走走的，完成了這本書的內容。

　　盼望這本書的經歷與分享，可以讓讀者和我一起感受在屬靈的恩賜上，不論是做異夢或是看見異象，可以更加敏銳的思想明白神的心意，並開啟屬靈的眼，看見祂且得著祂，得著豐盛的生命與前進的力量，讓神擴張我們的生命境界，開廣我們的心，我們就往祂命令的道上直奔，使自己蒙福也成為祝福他人的管道。

　　感謝在我身邊長時間相信我鼓勵我，支持我不放棄寫作與繪圖來完成這本書的姐妹好友們，感謝

我的丈夫、兩個女兒與兒子，在家庭祭壇中不斷地
為我的出書禱告，你們的禱告是支持我繼續走下去
的力量，感謝知心好友和姐妹們的陪伴與鼓勵，因
著妳們的支持，神託付在我身上的使命才得以完
成。

賴性姝 2022年6月

第一部

神在我身上的
訓練與教導

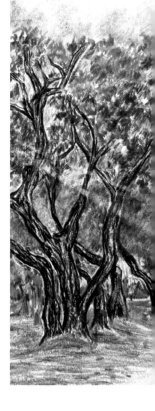

你們要休息，要知道

我是神！

~詩篇四十六篇 10 節

1

古鋼琴

我夢見一台鋼琴，需要將整個鋼琴拿去調整鍵盤的位置，拿回來後要重新裝回去，還沒裝好就被修理鍵盤的人看到，我把所有黑白鍵裝顛倒了。意思是，我被人發現是個完全不懂鋼琴的人，才會把黑白鍵裝錯。但在夢境裡，心裡覺得我是懂的，我知道黑鍵是擺在上面，白鍵是擺在下面，這是常識啊！但是我怎麼會裝反呢？還被人誤認為我是個完全不懂鋼琴的人。對於這個完全不懂在講什麼的夢，我把它記錄下來。大

概事隔半年之後，遇到一位姐妹，她是學音樂的鋼琴老師。我想起這個有關鋼琴的夢，於是把夢的內容描述一下，想釐清在我心中的疑問，為何我會裝反琴鍵，而引起人對我的誤判呢？讓人認為我是個完全不懂鋼琴的人呢？以這位姐妹的專業知識，她告訴我，真的有這種黑白鍵上下顛倒的鋼琴，稱古鋼琴，也稱大鍵琴。

神的肯定與支持

不是很能聽懂古鋼琴的來龍去脈，但明白神要透過這個夢告訴我，原來我的情況如同古鋼琴一樣，在我現今所處的環境與狀態裡，別人看我的眼光就認為我是裝錯、裝反琴鍵，但我心裡明白我沒有裝反琴鍵，我是被神正確安裝成為古鋼琴，我不是一般的鋼琴啊！這個夢與我心裡面的感受是吻合的。因為我的恩賜與獨特怪異的行徑，種種的言語行為表達，呈現出來的模式就是會被誤判成我是錯誤的，我是不懂的，我是不被理解的，我知道我正處於這種局勢，許多人以我為怪的情境中。但是神透過這個夢告訴我，何需在意人的眼光呢？而人對我的評價如何也不那麼重要了，神如此瞭解我心裡面的感受。聖經說賞賜的是耶和華，收取的也是耶

和華。我失去這些從人來的賞識與肯定，神卻仍然一直在幫助我調整自己的眼光來看自己。這位音樂老師十分特別，她參加過許多啟示恩賜的裝備課程，相當暸解與認識這個領域，對於我提的這個夢，她與我分享很多這方面的心得。後來她邀請我去參加一個特別的聚會，是特別為有啟示恩賜的人禱告。因臨時無法前去而感到十分遺憾，*結果當晚做了一個夢，看見一張考卷九十六分，右上角有我的名字*。這個非常簡單的夢也是同樣告訴我，神是肯定我的，無需為無法得到人的認同而感到遺憾。因此，知道神是用各樣方式在安慰我。讓我在神的靈裡頭獲得肯定與支持的力量。

異夢中的啟示與教導

大約在二十幾年前，還在公司上班，曾經做了一個印象深刻的夢，到如今都像是昨日夢的那麼清晰。*夢見我站在一個河谷的高處，在低處的溪流旁，有一大群人在嬉戲玩耍，夢裡的我知道馬上就有大洪水要來，我非常緊張害怕並且大聲疾呼，要讓正在河谷嬉戲的一大群人驚覺和注意，停止一切活動趕快離開。而此刻，畫面好像定住一樣，沒有任何*

人聽見我的呼叫，沒有任何人停止活動而離開，仍享受在自己的嬉戲中。緊接著夢境中出現另一個畫面：洪水已灌滿整個河流，這一大群人已變成水面上的浮屍，我去翻動浮屍看有沒有認識的臉孔。結果，我看到了認識的朋友。這個畫面讓我傷痛至極，久久無法散去這個痛楚的感覺與記憶。這個夢讓我對失喪的靈魂，以及還沒有信主得救的家人朋友，更加迫切渴望神的救恩臨到，所以明白這是神給我使命，傳福音的恩賜。之後，我非常積極在公司找基督徒同事一起禱告傳福音，成立小組引人歸主。我很清楚這股積極的動力，是從神而來的。每一個夢境，神要告訴我什麼，教導我什麼功課，帶給我什麼樣的啟示，都記錄下來做為自己判斷和學習的依據。

　　一位在教會有很多服事的姐妹，曾經跟我討論許多遇到的問題和瓶頸，而我認為要解決問題的根源是要砍斷人與靈界的牽連，一個人問題的背後都有一個黑暗權勢的靈在影響。我深深的知道神透過異夢教導我辨識問題的癥結點，也是一個判斷事情的根據。當一件事情或是一個狀況發生時，會常常在我的思緒中出現，有夢過這個事情或在夢中所看

到的景象是一樣的，進而去思考關於這件事，夢裡的畫面神要帶出什麼啟示，要告訴我什麼，要教導我什麼，要警誡我什麼事。

出於神的警戒與保護

曾經有一個 A 姐妹在服事上與同工 B 姐妹的關係互動出了問題，感覺倍受壓力，因為上層權柄較容易看到同工表現良好積極的一面，對於配搭同工承受的壓力和委屈較難及時發現。所以，我回答這位受委屈的 A 姐妹，*幾年前我就夢到那位 B 姐妹會離開教會，去做更大的事情。*我安慰 A 姐妹再忍耐一段時間，神一定會有一個公義的處理。過了半年後，這位 B 姐妹果然離開他們教會，到外地去服事了！*也曾經夢見一位姐妹的先生，只見過一兩次面不太熟識，夢見他有個朋友是同性戀者。*幾天後遇到這位姐妹，經過詢問證實，姐妹的先生確實有一個同事是同性戀。我相信夢到這類的事是要知道如何為一個朋友或還沒信主的慕道友，更深入的禱告。因為在靈界中影響他或攪擾他最根源的問題在哪裡，人的肉眼無法知道這些隱情，而透過異夢卻可以明白，這些是出於神的啟示。所以，我告訴這

位姐妹要迫切為她先生的身心靈、情感、情緒禱告求神保護。

瞭解人深切的需要

　　另一個夢也是還沒有信主的家人，一位姐妹的媽媽，有幾次受邀參加教會活動，所以也見過面。*後來夢見姐妹的媽媽，我和她站在一起，看到前面走過來一個孕婦，挺著大肚子走起路來很困難的樣子，夢中姐妹的媽媽跟我說：「好羨慕人家可以懷孕大肚子，既使走起路來很不方便，仍然期待有自己的孩子。」我正感到奇怪，為何跟我說這話時，姐妹出現並且告訴我，她媽媽是沒有子宮的人。*夢醒時我感到十分困惑，為何神在夢中讓姐妹告訴我，她的媽媽沒有子宮呢？後來碰到姐妹詳問情形，才知道姐妹的媽媽年輕時因病開刀，手術切除子宮後無法再生育。當然，瞭解狀況之後，告訴姐妹要為媽媽心中很大的遺憾禱告，求神親自醫治並安慰媽媽，帶領媽媽相信主耶穌可以除去生命中很深的遺憾，繼續為媽媽能信主禱告。過了幾年後，這位姐妹的媽媽相信耶穌了，得著醫治與安慰，沒有遺憾了，在教會中有美好的團契生活。因著神讓

我知道這些不為人知的事，是要讓我更深入的為人內心的需要和根源問題來禱告守望，並且與神同工。因此，我們何等需要從神來的超自然眼光，屬天的智慧和屬靈的洞察能力，一個充滿神恩膏的思考模式，來看這世上的人、自己、事情和環境。我們經歷許多的事情，若沒有神的眼光來幫助我們，就容易落入世人的眼光中，無法暸解他人深切的需要。

成全聖徒，各盡其職

有一位姐妹做了一個夢。*她夢見在一個校園裡看到一對夫妻，先生是校工，長時間在學校裡打雜，任勞任怨，默默的忠心付出。他的太太是個郵差，在學校裡送信，四處奔波的很辛苦。身上穿著綠色的郵差制服，先生還幫太太由樓梯上幫忙搬東西往下走。*姐妹對我說，這不就是你們夫妻倆的寫照嗎？我聽了，也覺得很奇妙又很貼切。我知道神透過姐妹來告訴我，神是這樣看我們夫妻倆。教會就像是一個學校一樣，牧師就像老師，教導各樣屬靈功課，門徒就像學生一樣，追求生命的真理，神用學校比喻教會非常適切。

有一段時間，我先生正在禱告尋求新的工作機會，教會擴建大樓完畢，搬遷進入新堂，需要一位管理大樓的專員，因而進入教會擔任總務一職，管理教會大樓所有安全、清潔、場地大小事務，十分忙碌。就像夢中所比喻的一樣，在校園裡打雜的校工。而我做郵差的工作，其實就是扮演一個傳遞信息的角色。夢中特別強調穿著綠色郵差制服，我明白神的心意是要告訴我，我的恩賜是從異夢得著啟示，不管是在明處或暗處傳遞信息，有沒有穿著綠色制服，有沒有被賦予肯定的角色或職分，隱藏或外顯的都是被神使用的恩賜，相信我們所信的這位神，照樣可以成全聖徒。在校園裡當校工打雜，做異夢得著啟示，傳遞從天上來的信息，擁有屬天的思考模式都是聖靈顯在個人身上，是要叫人得益處，蒙聖靈賜智慧的言語和啟示，也是這位聖靈所運行，隨己意分給個人的。

哥林多前書九章 23 節：「凡我所行的，都是為福音的緣故，為要與人同得福音的好處。」聖經也教導我們，切慕屬靈的恩賜，要追求那更大的恩賜，那就是愛。因為先知講道之能、說方言之能、知識終必歸於無有。哥林多前書十三章 13 節：「如

今常存的有信，有望，有愛這三樣，其中最大的是愛。」十四章 32 節：「先知的靈，原是順服先知的。因為神不是叫人混亂，乃是叫人安靜。」願神的愛天天充滿我們，讓我們心中也充滿盼望，時時安靜尋求主的面，按著聖靈分賜給我們的恩賜，服事神、服事教會，與人同得福音的好處。

2
隱藏與受限

我夢見自己在一群姐妹面前走動，這些姐妹圍成一個圓圈坐著。而我從她們面前經過，她們好像都沒看到我，彼此在對話，我好像是一個隱形人。後來我明白這個夢，意思是我被隱藏了。過一段很長的時間我才漸漸體會，為何我被隱藏？因為發現自己不擅長隱藏，神要保護我在暗中訓練我，親自教導我一些功課，進入新的季節、新的階段、學習新的功課。

特別是在服事上，放慢腳步停下來多一些禱告

和思考。尋問神，面對許多的需要，人的期待，神教導我如何判斷事情，如何決定事情。每當要跨出去的時候，或是承接一個責任時，一定要幾經確認，才能做出決定。有時候也會覺得有服事就應當去服事，該幫忙就去幫忙，應當義不容辭勇敢承擔，為何自己會有這麼多的顧慮？像是一個跨不出去無法承擔責任的人。其實不然，應該說是神在我這個人身上有一個特別的訓練與製作，並不是每個人都是這樣。而是要讓我重新審視我的過去與現在，在思考上與判斷事情上，神用截然不同的方式教導我。

在凡事上認定祂

除了學習隱藏的功課，另一個功課就是交通管制，也就是行動受限的功課。*我夢見有事外出，感覺要去上一個課程還是參加一個特會，走到巷口發現馬路上正在實施全面性的交通管制，想要走到對面搭車，可是到了巷口就動彈不得了。*當時這個夢我也清楚明白，我的行動受限是全面性的，上裝備課程、參加特會或是參與服事都是動彈不得的。神在我身上設下許多的限制，並且隱藏起來，這是神在我身上有特別的心意和計畫，在情感、意識裡都

是無法理解的，為何要在我身上做這樣的改變，與我的個性完全不同。我喜歡熱鬧，喜歡主動參與，喜歡做事，喜歡大家一起完成任務與責任，是一件相當有成就感的事。然而，頓時失去這些表現與成就感，對我來說像是個大手術一樣的轉變。

在這過程中，似乎明白又似乎不明白，有時我的理性知道神在我身上的製作與計畫，有時又會有很多複雜的情緒與困惑，反覆縈繞在我的心裡。有時突然間像洩了氣的皮球一樣消沉，也好像是一個生病的人，身上有很多疼痛出現，走路腳痛、做事手痛，這些疼痛也像神在我身上的限制一樣，要叫我明白我是被限制的，我要學習安靜休息知道祂是我的神。詩篇四十六篇 10 節：「你們要休息，要知道我是神！」在一切所行的事上都要認定祂，這是神長久以來不變的心意。

受限中安靜等候神

夢見在一個住屋樓層的樓梯中，樓上樓下中間有一長段走道，我在這走道中間，也在一旁的廚房倒著油。爬樓梯象徵著提升事奉，這個夢似乎神在告訴我，提升服事的轉換領域中，有一長段路程是

平走的，也就是在上去與下來之間，需要一段喘息休息，等待恢復的轉寰之地。在廚房一處倒油意指我的服事重點，仍是放在家裡廚房，神要膏抹我的服事在家裡。殊不知，這一段轉寰之地竟然走了好幾年，至今感受到這個限制與製作仍然沒有結束。這個製作對我來說，是一個艱難的過程，儘管我是如何的抗拒與不接受，都無法停止這個訓練與製作的階段。也因此在生命中的冬季，我才更深的體會神做事的法則。這樣的受限環境中，建立與神更為親密的關係，安靜等候神的操練與學習，是我在這個階段最大的功課。

夢見我在一個大宅院中，有一個大門被牢牢深鎖，我被關在裡面出不去。我想盡辦法逃脫，就從旁邊的小門上有一個小窗，伸手出去從外面把鎖解開。這時我的手很快被夾住，突然間的疼痛讓我嚇一跳。過沒多久，這個大門自動打開了。我反問自己為何那麼著急想辦法要出去，手就被夾住了。 這個夢告訴我，不要為自己著急想辦法，只要等待時候到了，自然大門會為我打開，意指我要等候神，等候神親自為我開啟。門代表著一個開始而不是結束，我在等待一個完全屬於我的開始。讓神自己打

開這未見之事的啟示，在那裡就必帶出神榮耀的彰顯。

預備做羔羊的新婦

另一個夢也是要等候神，夢見我在一個正式的聚會場所門外，好像是在婚宴的場合，我站在關閉的門前等候為我開啟。此時手中捧著一束捧花，我仔細端詳這捧花，令人十分驚訝的是，這不是一般的鮮花，而是完全手工製作的，類似拼布做成的玫瑰花朵，非常的精緻細膩，看得出來是花費長時間製作完成的一束捧花。我明白神在我身上精緻的製作尚未完成，需要等候神為我打開這扇門，而且是需要耗費多時的等待。而這玫瑰花朵代表著我和耶穌之間美麗的愛情。

神再次透過這個夢，肯定我願意預備自己成為基督新婦的心志。啟示錄十九章 7 節：「我們要歡喜快樂，將榮耀歸給祂。因為，羔羊婚娶的時候到了；新婦也自己預備好了，就蒙恩得穿光明潔白的細麻衣，(這細麻衣就是聖徒所行的義)。」因此，我們是被呼召來做羔羊的新婦，但選上的有限，沒有人可以自稱已經是羔羊的新婦了，而是每一個屬神的兒女都應當預備自己做羔羊的新婦。主在末世對每一個人的呼召，就應當殷勤使自己沒有玷污，無可指摘安然見主面。也曾有一個夢，*夢中我是*

一個瘋子，感覺大家把我當作是瘋子對我講話，但我知道自己的意識是清楚的，而且是正常的。夢中的我還非常慶幸，我和丈夫的親密關係相當美好頻繁。後來才明白，其實夢中的丈夫不是我地上的丈夫，意指天上的丈夫，乃是指基督。耶穌就是我天上的丈夫，而我就是神所揀選的，預備自己進入這個命定與呼召的新婦。因此這段操練等候神，是我生命中寒冬的季節，抑是我與神建立更為親密的階段，我體會聖經中雅歌六章3節：「我屬我的良人，我的良人也屬我。」雖然像是被隱藏在關鎖的園中，但是極大的平安和祂豐富的同在，渴望戀慕的愛情更多的加深，因祢是我的良人，是我的佳偶，全然美麗，毫無瑕疵，穿山越嶺而來，祢溫柔的聲音，觸動了我的心，深深與主相愛永不分離，我要在那裡將愛情給祢。

學習全然順服神

還有另一個夢是我在一處說起別國的語言，有很多人在現場，卻沒有一個人聽得懂我在說什麼。不論在夢裡或現實生活中，我都感到十分遺憾，沒

有人能夠理解我的想法，不能認同接受我這個人。但是，合理的對待，不合理的對待，能理解的不能理解的，明白的不明白的，我都要相信祂，祂允許我生命中所發生的任何一件事情，每一個擊打在生命中的疼痛，我都默然承受，並且將淚水化為感恩的獻祭，全心全意的愛祂，因為祂挪去我的失敗和羞恥，從灰塵裡抬舉我，從糞堆中提拔我，使我安居家中為多子的樂母，使我在祂的愛中得自由。腓立比書四章 11 節：「我無論在什麼景況，都可以知足，這是我已經學會了。我知道怎樣處卑賤，也知道怎樣處豐富；或飽足，或飢餓；或有餘，或缺乏，隨事隨在我都得了祕訣。我靠著那加給我力量的，凡事都能作。然而，你們和我同受患難原是美事。」也就是無論在明處或暗處，都要學會這個祕訣，靠著那加給我的力量，凡事都要學習順服的功課，全然順服。以色列人走在曠野時，人們的天性喜歡變動、喜歡起行，卻不喜歡停留、不喜歡不起行。而行走在肯為主不作工、肯為主不起行的生命階段，是一段特別的旅程，是出於神的訓練，也是神格外的恩典之旅。這是出於神的呼召，神在我身上的計畫。詩篇六十二篇 1 節：「我的心默默無聲，專等

候神，我的救恩是從祂而來。」詩篇一○四篇34節：「願祂以我的默念為甘甜！我要因耶和華歡喜！」

我做了一個夢，夢中我站在一個高樓大廈的至高點，有一位年長弟兄，感覺他是一國之中位高權重的長者。他好像在尋找一個適合的人選為他工作。夢中這位長者很賞識我，要選我去幫忙做什麼事。我覺得不適合，也覺得不是時機。夢中我心裡的想法是，要去做的事情要與神給我的方向一致才可以，他的方向不是神要我要去的方向。即便他賞識我選我，即便他是一國之中位高權重的長者。我也只能心有所屬般的離去，並且夢中我十分肯定的告訴他，我有神特別的任務要去完成，*無法接受他的邀請*。做完這個夢隔天，就有一位牧者邀請我加入教會兒童事工團隊的服事，但我已經領受要寫書的呼召，就沒有選擇兒童事工。也許在人的眼光裡，覺得我應該是兒童服事最適合的人選，但是人們卻都不知道神另有祂的計畫和時間表。詩篇六十二篇2節：「惟獨祂是我的磐石，我的拯救；祂是我的高台，我必不很動搖。」所以，我很清楚這個夢，神要告訴我，既使被人賞識，要去完成一個重要的服事，若是與神給我個人的委任和託付方向不同

時，我仍然要堅定不受搖動，專一的心等候祂的旨意顯明。

進入全新的事奉

*後來有一個夢，夢中使者告訴我，我要改名字，名叫飛揚。*我為名字要改叫飛揚感到十分納悶，也許不久的將來，神親自為我展開全新的旅程，停止冬令的季節限制，終將結束這段嚴酷的訓練與製作，一位有啟示恩賜的姐妹為我禱告，給我幾個字「為神作畫為主說話，展開全新的服事」，我領受從神來的啟示，開始寫作與繪畫，學習和練習這個隱藏在我腹中，沒有被挖掘出來的恩賜。我相信在神為我量身訂作，精挑細選的製作過程中，所帶來的受苦與受辱，痛苦難當的旅程，都是神的計畫，且將進入一個全新的事奉。哥林多前書二章9節：「**神為愛祂的人所預備的是，眼睛未曾看見，耳朵未曾聽見，人心也未曾想到過的。**」飛越許多艱難的山頭，乘風破浪的經歷，夢想即將起飛，期待令人跳躍的未來，充滿啟示性的亮光，充滿了神的信心，在我的生命領域裡，即將寫下新的恩典，新的

使命與任務，全新的事奉領域。感謝讚美主，神
是信實公義，在神的國度中沒有一個時間表是失落
的。

乘風破浪　夢想起飛　為神作畫
為主說話　展開全新的服事

夢境告訴我的事

3

信心的飛翔

我夢到自己正飛行在海面上，而且驚訝的發現，我的飛行是如此的貼近海面，繼續航行一段時間，我開始害怕掉落海裡，突然間，一個溫柔慈愛又渾厚的聲音，從天際間劃破寂靜的海洋，對著我說：不要害怕。我很清楚這聲音是來自於天上的父神在對我說話，告訴我不要害怕、不要驚慌，神會保護我，把我隱藏在祂的翅膀蔭庇裡。此時，突然覺得我怎能俱有這樣超自然的能力？像是與生俱來一樣，平穩的飛行著，而且有

一顆堅定的信心，感覺一股不是我自己的力量。

穿越信心的考驗

夢醒時，我十分感動，感受到神如此愛我，不僅愛我，而且祂把超自然的能力給我，讓我在夢中深刻的體驗在海面上自由翱翔，好像廣闊的天際洋海間就是我的家，溫暖又安全。這個夢讓我體會深刻的是，我知道神沒有離開我，而且一直保護著我，讓我不會落入危險。並且知道根本沒有飛行能力的我，卻可以安穩的飛行在低空的海面上，簡直不可思議，這不是靠我自己的能力可以做到的。鳥類中信天翁就是這樣貼近海面飛翔，卻不會掉入海裡，甚至在惡劣的天候中，牠仍然可以順著強風繼續飛行，因為相信上天所賜與的能力是足夠的。

神竟然透過夢境讓我感受到，超自然的能力，超越一切的不可能。原來體驗超自然的能力就是提升信心的眼光，而人做不到的事，就是神的能力，唯有能夠取代不可能的就是神。你所想要得到的，渴望擁有的，所有想要往高處行的，相對的都會有某種往下掉落的力量，讓你期待落空，或是掉入絕望的深谷。必然經過的挑戰、危險、困境甚或逼迫，

都是經過信心的考驗。

堅心倚賴耶和華

有一個姐妹，*她夢見在一個空曠的芭蕾舞排練場，看到老師和同學們在練習舞蹈，姐妹自己也準備要上台跳舞。正準備要加入練習時，姐妹在夢中卻想著，自己會不會跳舞？* 姐妹問我這個夢是什麼意思？我回答她說，神也常常這樣在夢中讓我面對一些事情，我心裡有很多的沒有把握，沒有自信。因為我也會對自己的能力產生懷疑。尤其是沒有經驗，沒有把握的事，內心裡隱藏著不信與懷疑，卻在夢中顯出自己內心的問號。神的心意是要告訴我，「孩子，不要害怕，來相信能夠賜予你能力的神。」堅心倚賴耶和華我們的神，必然使我們可以完成大事。

我鼓勵姐妹，神要鍛鍊我們的信心，這會使我們裡面的懷疑不信顯明出來。感謝讚美主，神必然將祂屬天的能力帶給我們。只要我們有一個願意的心，就可以像大海的飛鳥，自由、輕省的飛翔在海面上，展現無比美好，充滿信心的飛翔。

4

合用的器皿

清晨醒來夢見有四個破鍋子，拿去請老闆修理。老闆不理會這四個破舊不堪使用的鍋子，把鍋子丟置在外面的水溝旁。我撿了起來抱走，走到一間教室旁的走道上，心想這四個鍋子在教室能做什麼？突然想到可以養魚、可以種花。就看到小魚苗，看到一些小花，令人感到很新奇。這個夢感覺很清楚是神要告訴我一個特別的啟示，在我們世人的眼光中，甚或自己的認定裡，以為已經不能再使用的器皿，神卻可以化腐朽為神

奇，成為合神心意的器皿，而且可以醞釀新生命，成為一個令人賞心悅目，甚至是有價值而貴重的器皿。

夢中我走在一間教室旁的走道上，應是比喻若要成為貴重價值的器皿是要透過學習與訓練。這是神的心意也是神特別的做事法則，在人認為不能，在神凡事都能。往往認為沒有盼望、灰心失望的時候，神給我們一個很不一樣的眼光，讓我們這個不起眼的人，一個破碎的器皿經由神的改造，煥然一新成為神榮耀又尊貴的器皿，可以再次盛放綠意盎然的新生命。

預備成為神合用的器皿

如何預備自己成為神合用的器皿？有時候自己的想法就像框架一樣侷限自己，還有許多心理障礙，以致無法承載神的託付與委任，神的心意和計畫往往是超乎我們的想像。*我夢見在家裡接待兩對夫妻，一對是長輩另一對是同輩，我預備了許久才找到杯子，而且是在冷凍庫的上層找到幾個杯子，我把較大容量的杯子給長輩夫妻，容量稍小的給同輩夫妻，但拿好杯子倒好水，就發現客人已走到門口準備要離開了，頓時不知如何是好。*這個夢似

乎是指在服事上的心態，還沒預備好承接一個服事時，就好像把杯子放置在冷凍庫，是角色錯誤的擺置，就好像把器皿束之高閣，也就是把東西放置於閣樓上，等同棄置不用。符合職位與身量的器皿大小已預備好，但在時間上還沒預備好，以致耽誤對方先行離開了。這個夢反應我們的心是否預備好，器皿大小是否合乎身量，神所預備的器皿是否被用在恰當之處，角色、恩賜是否合宜的被使用，是否符合神的心意和計畫？這都是我們要謹慎思考的。

也曾在*夢中看到一個畫面，有一個好大好寬的碗盤，但是很淺無法放置大容量的食物。*表面上看起來可以承裝很多內容物，但卻因為碗盤很淺，無法盛裝夠大的份量。好像是一個器皿夠大，但深度卻不夠；仍然無法盛裝在事奉上所承受一切有深度的內容。

擴張境界進入命定和呼召

*另一個夢是在找器皿，想要找一個適合大小也適合深淺的器皿，有找到一個夠大也夠深的器皿，結果放入東西後整個盤子立刻鬆垮掉，無法盛裝。*因此，要找到大小深淺適合的器皿，不見得是可以

使用的，更要器皿本身的材質能夠堅固耐用，也就是器皿本身要經得起考驗和磨練。讓神更深更寬廣的擴張我們的境界，預備自己進入神的命定和呼召。以賽亞書五十四章2節：「要擴張你帳幕之地，張大你居所的幔子，不要限止，要放長你的繩子，堅固你的橛子。」神要擴張我們居住的帳篷，拉長帳篷的繩子，並且使用牢固的橛子，為的是打開我們生命的境界，有深度而又寬廣的被神使用，才能成就神在我們身上的委任，完成神的工作和計畫。

提摩太後書二章20-21節：「在大戶人家，不但有金器銀器，也有木器瓦器，有作為貴重的，有作為卑賤的。人若自潔，脫離卑賤的事，就必做貴重的器皿，成為聖潔，合乎主用，豫備行各樣的善事。」也就是在我們所處的大環境中，每個人都有自己的角色，外顯或隱藏的職分，有的被用在特別的場合，有的用在普通的場合，只要我們常常儆醒潔淨自己，不沾染污穢的事，脫離一切邪惡的事，就能夠為主所用，行出各樣的善事，合乎主用，成為聖潔。因此，我們禱告求神幫助我們，可以通過嚴格的訓練，明白神在我這個人身上的計畫與心

意，盡心竭力堅持到底，順服神一切帶領，成為合神心意的器皿。

在大戶人家，不但有金器銀器，也有木器瓦器；有作為貴重的，有作為卑賤的。人若自潔，脫離卑賤的事，就必作貴重的器皿，成為聖潔，合乎主用，預備行各樣的善事。

提摩太後書 第二章 21-22 節

5

不受搖動
的心

我們渴望像一棵樹，能夠被栽種在溪水旁，擁有活水的泉源環繞維繫這棵樹的生命，不受搖動地建造在堅固的磐石上。但是面對許多的困難與變動時，我們時常倚靠自己的經驗能力、權勢，自己的聰明才智，倚靠我們裡面的安全感與成就感，情感的依附與關係的維護，倚靠心中有形無形的力量。神要震動這些我們所

倚賴的被造之物，而這些震動存在於我們的國家社會，也深藏在我們個人生命裡，我們的情感，人際關係，我們的家庭婚姻，工作、經驗、錢財，神要讓這些震動像考驗的浪潮一樣，一波又一波的襲擊我們。而這些震動顯出我們所倚靠的人事物，屬地上的一切是不可靠的，而這些倚靠會讓我們失望甚至驚恐害怕。

希伯來書十二章 27-29 節：「被震動的就是受造之物，都要挪去，使那不被震動的常存。所以我們既得了不能震動的國，就當感恩，照神所喜悅的，用虔誠敬畏的心事奉神。因為我們的神乃是烈火。」而神卻要透過震動帶給我們祝福、擴張我們生命的境界，更深的觸摸神的兒女，讓聖靈更多運行造訪祂的兒女並且彰顯神的榮耀，把我們的信心建造在堅固的磐石上。因此，萬物都要被震動，直到不被震動的國深植在我們的心中，直到主耶穌再來的時候，我們仍然要用一顆敬虔的心等候祂，超越屬地的眼光，注視耶穌，敬畏祂。

倚靠聖靈不懼怕人

好多年前發生過一件事，我們家的公寓樓下搬來租屋的房客，竟然是神壇，打開門就看到客廳裡

整面牆的偶像牌位，像是營利的店家一樣，讓信徒問事情燒紙錢拜拜。因經常在陽台燒紙錢，就往我家陽台冒濃煙，只要一冒濃煙我馬上關緊窗戶，加上空氣清淨機清潔空氣，仍然烏煙瘴氣。有時我們不在家時，濃煙就全部竄進我家客廳，回到家就是整屋子的濃煙，令人無法忍受。更嚴重的是半夜還會作法事唸經、大叫或敲打器具，我被弄得驚恐害怕。白天要處理濃煙，半夜常被大叫聲嚇醒，心裡想著這個房客是通邪靈的人好可怕。我向一位姐妹詢問，面對這個可怕的通靈人士，要怎麼辦？姐妹一針見血的回答我，怕什麼？我們是通聖靈的人不要怕他。

突然間，我豁然開朗，感受到我們真實的倚靠是聖靈，為何落入懼怕人呢？馬太福音十章 28 節：「那殺身體不能殺靈魂的，不要怕他們。」這裡是純住家的公寓，怎麼可以作為營利的店家，應該是不合法的，我剛搬來這裡不久，不可能再搬家，也不能隨意要求別人搬家。因此，我禱告求問神，我該怎麼辦？求神親自改變這一切，禱告、忍耐、等候神的作為。路加福音十章 19 節：「我已經給你們權柄可以踐踏蛇和蠍子，又勝過仇敵一切的能力，

斷沒有什麼能害你們。」神除去我心中對人的懼怕，並且趕除一切黑暗的權勢。在人不能在神凡事都能。感謝讚美主，神為我做了人不能做的事，幾個月後這個房客竟然悄悄的搬走了！

先求問等待神

另有一件類似的情形，一位姐妹常常請我們為他們禱告，他們家隔壁鄰居，好像有憂鬱症之類的精神疾病，姐妹正常的煮飯切菜，隔壁鄰居就會來按門鈴，表示聲音太大，打擾到對方安寧。剛開始還覺得要盡量小心點，不要吵到鄰居。對方經常半夜按門鈴表示太吵，姐妹與家人們不堪其擾，全家人飽受精神壓力，於是決定尋找合適的租屋。後來找到合適的租屋也與房東簽約，決定擇日搬遷事宜。結果就在搬家的前一晚，發現鄰居半夜悄悄的早他們一步搬走了。這件事想起來令人無法理解，到底是否需要搬這個家？當然事後姐妹也表示，感恩神帶領搬家順利且適應良好。但是，誰知最後鄰居也搬家了，何需自己也搬這個家呢？為何沒有求問神並等待神清楚的指令，再行搬動，本來可以不受搖動的，卻耗費心力去搬動住家。

另一件震動的事情，有一位姐妹的女兒就讀國中時，被即將退休的導師教到，導師的情緒脾氣很不穩定，常常會跟學生計較事情，碰到問題會牽怒學生責怪學生，姐妹的女兒很不喜歡這個導師，姐妹勸女兒，老師不是針對你個人發脾氣，就盡量不要去理會老師不合理的情緒和怒氣，可是到最後直接被老師盯上，老師一直找姐妹女兒的麻煩，要她在假日的颱風天，也要把走廊的盆栽弄整齊。面對不合理的要求和在同學面前讓她難堪，姐妹女兒天天哭著回家甚至害怕上學想轉學。姐妹雖然很心疼，但還是安慰女兒，「聖經教導我們要順服權柄，連乖謬的權柄也要順服。老師也是神所設立的權柄，我們要學習這個艱難的功課，學習倚靠神，讓自己剛強壯膽，接受不合理的對待，學習順服權柄、順服神的帶領」。一段時間後仍然沒有改善，姐妹女兒哭著要轉學。姐妹跟女兒說「我們跟神禱告，看神怎麼帶領，神有開路再做決定，不是自己覺得有充分理由就可以馬上轉學」。

　　過一段時間後，姐妹女兒做了一個夢，*夢見自己在一個山邊有一個學校，學校內有一個小小的籃球場，籃球框架是藍色的，全家搬到那邊住*。聯想

到教會附近有一個國中就在山邊，有一個禮拜天下午，姐妹開車帶女兒到這個山邊的學校，叫女兒自己下車去看看，她看完後上車很驚訝的告訴姐妹：「媽媽，我看到的景像跟在夢中看到的一模一樣，從這邊看過去的角度一樣，操場就在山邊，連籃球框架是藍色的也一樣」。此時非常清楚確定，神要帶領轉學到這邊。有這個清楚的印證，姐妹決定讓女兒轉學。

面對震動，我們是否尋問神，經由神的允許，再決定離開。雖然轉學沒多久，姐妹女兒因為和新同學不熟，覺得同學會排斥轉學生，感到很孤單，也曾經感到有點後悔，但是很清楚這是神的帶領，所以姐妹安慰女兒，再適應一段時間，再看神如何帶領。後來姐妹女兒交到好朋友，也帶同學來到教會，認識耶穌。感謝神，在神的裡面有穩妥，把決定事情的主權，安心的交給神。

關係中的考驗

曾經做一個夢，夢見我在一個天搖地動的處境中，趕緊去抓住一大把鋼筋，而這一大把鋼筋有的連在地上，有的已經斷裂。我還是趕緊抓住這一大

*把的鋼筋，免得因地的搖動被震倒而受傷。*這個夢過了三天後的一個下午，走在街上商店的騎樓，沒注意地上一片濕滑，不慎滑倒摔傷。一時爬不起來，女兒在一旁扶我起來。回家後休息了好一陣子，仍然感到疼痛，所以就去看門診，醫生為了謹慎起見，照了 X 光片，幸好沒有大礙，肋骨沒有斷裂，只需要多休息。這一摔傷讓我疼痛了一個月，連躺著時呼吸都感到疼痛，半夜痛到無法入睡。我起來跟神禱告，我靜默在神的面前思想，忽然心中湧出一陣痛楚，不停的流淚問神，我到底怎麼了？為什麼讓我這麼疼痛？是什麼事情讓我的心也感到痛楚，我反覆求問神。

想到另一個夢，**夢到保鮮膜**。保鮮膜代表什麼？保鮮膜是很薄弱的一層膜，想到 "薄弱" 這兩個字，也讓我想到人與人之間的關係是薄弱的。我明白我的痛楚是從何而來了。我為人與人之間的關係是這麼脆弱與不堪一擊，感到傷痛。許多事不是我信任人就好，而是要雙方都取得信任才有真實的關係，也不是只要我喜歡對誰好，就可以得到相同的回報，更不是只要我對人坦誠相待，就可以獲得真心誠意的友誼。不管是朋友或同事的友誼關係也

好，夫妻之間的親密關係，長輩和晚輩或主僕關係、婆媳和妯娌的姻親關係也好，都會碰到信任度的考驗，關係是否處於一個平衡的狀態中而沒有隔閡，這是相當困難的。

我反思自己的問題在哪裡？我有很多的關係問題是令我感到艱難與困惑。我一昧的對人好與付出，卻感受到對方有很大的壓力。我太信任人不懂得自我保護，也給自己帶來傷害。有的人太看重關係而給彼此帶來壓力，有的人天生不太看重關係，也會讓人感到失落。因此，我們處於這種在關係上不平衡或是不協調的狀態中，這時就很容易造成誤解不信任、疏離、反感，帶著面具甚至是引發衝突或是關係破裂。

看重人過於神

我經歷過許多事，也聽聞許多周圍朋友發生的一些事，我會對不起人也得罪過朋友，我也曾被冒犯、被得罪過。這些在關係上產生的壓力常常會讓人感到窒息也讓自己負荷不了。因為關係會帶來滿足也帶來傷害，而我個人常常在這種來來去去反覆的關係中，有很大的得失心，患得患失，害怕受傷

又害怕失去，這是人之常情，但是如果我把這些與人的關係看得比跟神的關係還要重要，就是一種錯誤，不討神的喜悅而且不合神心意。神就讓一些事情發生震動我的心，感受到我緊緊抓住不放的情感和與人的關係，是多麼的脆弱和容易受傷，用心維護的關係毀於一個微小的事情上。對方有沒有錯是一回事，但知道自己有很多的毛病和錯誤，罪性與軟弱會得罪人。讓我很深的體會到，人的有限和不完全，只有神是完全聖潔沒有瑕疵的，惟有神的愛是永不改變，祂的慈愛長闊高深，沒有任何人事物可以真正填滿人心中的空缺。當我們發現人的缺點和毛病時，特別是相處久了，不再去看到他過去的優點時，我們會擴大人的缺點和過錯，看不見優點和長處。我們的愛與耐心會枯竭也會變質，就像一杯水倒入沙漠中。這就是人的罪性與軟弱，眼光會偏差、有盲點。可能因為不慎的言語，或是輕忽的眼神，或是沒有顧念到人的軟弱和需要，無法感同身受人的脆弱處境，會傷人也會讓人受傷。神讓這些誤會發生、不愉快和衝突臨到，震去我所看重的關係，神震去我所倚靠的親情，震去我自以為堅固不會改變的友誼。當神拿去一切我所看重的關

係時，我是否安然面對接受這些震動？我是否仍然因耶和華我的神歡欣？還是陷入愁苦與受傷的情緒中？

堅立在神的磐石上

這是我在這一次摔傷的痛楚時，神引導我進入很深的自省，我在神的面前哭泣流淚，求神赦免軟弱的我，求神饒恕我得罪人，求神幫助我饒恕得罪我的人，我向神悔改，不再那麼看重與人的關係，擁有與失去都有神美好的心意，再一次將自己交給神，把我這個不完全的人奉獻給神，我是屬於神的，不是屬於人的，不是屬於我所看重的這些關係中。當我做這樣的決定和改變時，我的心感到無比的輕省而沒有負擔，把心中自己營造出來的重擔完全卸下來。詩篇五十五篇 22 節：「你要把你的重擔卸給耶和華，祂必撫養你；祂永不叫義人動搖。」這時想起了一段經文，詩篇六十二篇 1-2 節：「我的心默默無聲，專等候神；我的救恩是從祂而來。惟獨祂是我的磐石，我的拯救；祂是我的高台，我必不很動搖。」詩篇六十二篇 5-7 篇：「我的心哪，你當默默無聲，專等候神。因為我的盼望是從祂而來。

惟獨祂是我的磐石，我的拯救；祂是我的高台，我必不動搖。我的拯救、我的榮耀，都在乎神；我力量的磐石、我的避難所都在乎神。」神用這段經文安慰我的心，祂已應允我，神是我力量的磐石，神必要拯救我，使我必不動搖。更深的告訴自己，無論經歷什麼改變，當外在環境所發生的事來震動我的心時，我要抓住神，我要一生一世倚靠神，使我不受動搖不被震動。就像那棵大樹一樣，它的根系穩固的深植在土壤裡，不受風雨吹動，不受地的搖動，而是穩健的建造在堅固的磐石上，不被震動。

詩篇二十七篇 4 節：「有一件事，我曾求耶和華，我仍要尋求：就是一生一世住在耶和華的殿中，瞻仰祂的榮美，在祂的殿裡求問。」我向神獻上更深的感恩，為我的摔傷疼痛感謝神，為一切震動的事感謝神，惟獨祂是我的拯救，我向神立志只有一件事，就是一生一世要住在耶和華的殿中，瞻仰祂的榮美，在祂的殿裡求問，直到永遠。神的國就是不被震動的國，神的國就是不受搖動的心，深深的刻印在屬神兒女的心中。

第二部

與人的關係

一切苦毒、惱恨、忿
怒、嚷鬧、毀謗，並
一切的惡毒，都當從
你們中間除掉。
～以弗所書四章31節

6

夫妻關係

曾經做一個夢讓我去思考夫妻關係的定義，以及夫妻關係深入而真實的一面，無法在人面前道出的障礙和問題點。有時是無法說出的難處，有時是無法解決的差異性，長時間存留在夫妻關係中，以致於有隔閡和心結，卻給魔鬼留地步有機可乘，甚至違反了與神的約定而不自知。**夢中聽到一個聲音，告訴我和先生是兄妹關係。**甚感不解，有時夢到與事實不符而且要逆向思考時，深信一定有特別的意義存在，就像我和姐姐的

關係，不僅是親姐妹而且更像雙胞胎連體嬰一樣，情感和關係是分不開的。我思考了許久，原來神是要強調，我們除了是夫妻關係以外，還要建立一個像有血緣的兄妹關係，是切不斷分不開的。當今社會上的婚姻破裂往往有解不開的結，輕易的就可以切斷分開了。

差異關係中的相處

　　*夢見在廚房的瓦斯爐旁，爐上的火不順，我去關小一些，另有一個人不知是誰，覺得對我去關成小火有意見，他認為應該關火，感覺夢中的情境是因而雙方不講話，彼此沒有溝通，就各自去調整火的大小。*隔天我和先生發生了一件不太愉快的事，先生要收聽電台的新聞和氣象，我要收聽詩歌節目，意見不一而感到不舒服。這是一件很小的事，但常因許多小事，想法與做法不同的差異帶來不愉快與衝突。相信每個夫妻都有這些差異存在，若是在溝通時帶著情緒、口氣不佳甚至有怒氣，再加上論斷與定罪，不能體恤對方的軟弱和接納彼此的缺點，容易引發衝突破壞關係，或是不願承認自己的過失，帶著驕傲以及受傷的情緒，停留在一個負面的循環裡。

夢見一位年長姐妹要把一台白色的中古鋼琴送給我，姐妹表示鋼琴已沒再使用了，請我搬回去並多加使用。我仔細端詳這台鋼琴，像古董級的老舊鋼琴，比一般鋼琴小一些，比風琴大一些，是一台很特別的鋼琴。姐妹表示送給我之後要好好善用它，留待來日希望我可以有一些表現或成就。隔天剛好遇到這位年長姐妹，向她詢問是否有一台白色中古鋼琴要給我？姐妹表示家裡並沒有這樣的鋼琴。於是我去思考這個夢是甚麼意思？白色鋼琴象徵什麼意義？禱告後才弄明白可以做這樣的解釋：彈鋼琴就像談感情，白色也代表純潔的愛情。這樣解釋後我全盤暸解明白神的心意了。神要我和丈夫好好的談戀愛，心想結婚二十幾年老夫老妻還要談什麼戀愛？這是夫妻最容易忽略的一環。在忙碌的工作事業中或是教會的服事裡，沒有時間好好溝通，正視問題，也沒多大興致談情說愛，心靈如同蒙灰一般，無力清除灰塵，就是負面影響，更不用談如何營造談戀愛的空間。

　　後來有一回和先生同去探訪服事前，感覺在關係上需要先處理，所以我們硬著頭皮坐下來，好好的面對面處理，彼此原諒，恢復關係，之後才出去

探訪服事人，為人禱告、帶來祝福。我們不是每一次都可以做的很好，而是我們都知道這個很簡單的道理，但是很難確實做到。這是我們要在神的面前自省，而且要努力去學習的功課。願神的愛天天充滿在我們夫妻關係上，修復我們受傷的情緒，用愛彼此互相款待，天天可以和我們地上的丈夫談戀愛，更可以和我們天上的丈夫談情說愛，把最美的愛情獻給祂。

饒恕相愛的恩典

有一對夫妻關係疏離，幾近離婚，周圍的朋友已經不知如何來幫助他們。我*夢見他們夫妻倆之間在財務上有四十萬元的虧欠，不知是誰欠誰，姐妹坐在地上先生站著，夢中我們夫妻倆去牽姐妹的手，好像是在安慰幫助她*。隔了幾天遇到那位姐妹，詳細詢問姐妹夫妻之間有沒有虧欠四十萬元的事，姐妹表示沒有金錢上的虧欠。我靈裡感動認為這還是一個象徵性的意義，就是在關係上互相虧負，需要彼此饒恕的問題。若是夫妻之間無法彼此饒恕，就無法相愛。不饒恕形成的鴻溝，已經無法靠著自己的力量去饒恕對方，而是要靠神的大能滅掉冤

仇，打破中間隔斷的牆，何等需要神來憐憫軟弱的我們，何等需要神的恩典臨到。以弗所書四章31節：「一切苦毒、惱恨、忿怒、嚷鬧、毀謗，並一切的惡毒、都當從你們中間除掉；並要以恩慈相待，存憐憫的心，彼此饒恕，正如神在基督裡饒恕了你們一樣。」後來夢見那位姐妹和先生一家人，和我們一起郊遊走在溪水旁，我感覺姐妹的先生是走在我們後面的，怎麼走到終點時，發現他已經在我們前方了。這個夢似乎在告訴我，在前的必要在後、在後的必要在前。持續不斷的為這對夫妻禱告，相信神必定垂聽禱告，成就一切不可能的事，改變人心並且讓在後的追趕到前頭了！

醫治縫補凹陷的關係

曾夢見某一對夫妻，他們床上的枕頭是凹陷的，我禱告後的感動應該是指夫妻的親密關係是欠缺不足，若是高枕就無憂，顯然他們夫妻的親密關係是令人擔憂的。夢見另一對夫妻的床中間有一個大裂縫，就像關係中有大鴻溝一樣。這都是在夫妻親密關係中不為人知的隱情，無法說出的困境與障礙。

我們的眼目只看到一些幸福及歡樂的表象，而被這些表象給蒙蔽了，卻不知如何去看隱而未現、不為人知的真實面。惟有聖靈滲透萬事，從神來的眼光去看靈裡的夫妻關係。而我只有為這些夢到的弟兄姐妹獻上我真切誠摯的禱告，求神的靈親自安慰、醫治凹陷不足的親密關係，縫補夫妻之間的裂縫與傷痕。更求神向他們顯明存在夫妻關係中根源的問題，斷開一切黑暗的權勢，滅掉一切的冤仇，求神的愛大大充滿他們的家庭，填補他們在婚姻中沒有得到的滿足與缺陷。恢復起初神在婚姻裡的美好心意，讓他們的婚姻倚靠神建造在堅固的磐石上。

7

界線的功課

馬太福音七章6節：「不要把聖物給狗，也不要把你們的珍珠丟在豬前，恐怕他踐踏了珍珠，轉過來咬你們。」經歷了許多事之後才發現，在聖經裡藏著這句寶貴的話語，教導我們與人之間的關係要有界線，學習自我保護不被侵犯隱私與權益，不被踐踏我們的愛心。過去我往往認為，為朋友所做的付出、給與、不求回報，是一個基本的道理。但是卻經常得不到所期待的平衡關係。為什麼會有不平衡的感受？如何

與人在關係上有清楚的心理界線，而不破壞原有好的關係？還要適度表現基督徒的愛心？這是一個很困難的功課。感謝神，在暗中教導我界線的功課，神光照我讓我看到自己裡面的不足與有限。

不要做無謂的付出

我曾經做一個夢，夢醒後才知道神不要我再做無謂的付出。神讓我看到人心裡的想法，以致於我可以毅然決然的放下一切不屬於我的關係，也更深學習放下負面的情緒和情感，讓神來掌管這當中很難釐清的複雜關係。我*夢到某個人，把每個房間門都關著，不理人而且背對著我。在這同時，我與另一個人手牽手走得很近*。這個夢的意思很明顯，就是在三人關係中，因其中兩人關係比較熱絡，冷淡了另一個人，造成這種尷尬局面，很難處理的三角關係。而中間這個我，在不知情當中，仍然對前者付出和給與，卻不知對方已經把每扇門都關閉，關著門意指不接納，好像也不是用溝通或解釋可以解決的，直到神讓我在夢中看到這個畫面，似乎告訴我要放下這一切，交給神吧！這樣發展出來的關係才是健康的，勉強來的關係和被期待落空的關係，

都會令人感到壓力和失落，都是界線不清楚造成
的。

　　另一個夢是我在跟一個朋友講話，發現她背對
著我，她就是懶的轉過頭來聽我講話，我覺得她的
想法好像是她有聽見就好了。夢中的畫面很清楚告
訴我，這個朋友心中沒有惡意，只是她懶的理會我，
那我何需去告訴她不想聽或不看重的事情呢？其實
該調整的人是我，要學習有界線的人是我，感謝神
提醒我，讓我能夠學習如何與人處在平衡與健康的
關係上。

敏銳洞察勇於拒絕

　　夢見一個朋友來跟我講話，一開始他講得拐彎
抹角很不太清楚，後來我才聽出原來他們是要跟我
家借車，夢中我很爽快就答應借他。剛好那時我早
已把東西都放上車，包括準備了我們全家人要在車
上吃的飯糰，還有詩歌 CD 片要在車上給小孩聽故
事的，就這樣讓對方把車開走了，並且讓對方用了
所有我預備的東西。這個夢讓我發現幾件事，既然
是正好我家要用車，根本無須同意借車給對方，應
該要勇敢的婉拒對方所求。發現他自動的把車上我

預備的東西都使用了，明明要借車又不直接說清楚，卻拐彎抹角表達自己的需求。我感謝神提醒我並教導我要勇敢拒絕，學習看到人的私心與私慾，不願顯露出來的心態，讓我真正瞭解人內心的想法。其實車子也可以代表服事，我們在服事上，要有一個無形的心理界線，有時需要適時的拒絕，並且要敏銳洞察人背後隱藏的私慾。對人毫無警戒的我，再次被神提醒要有界線，適度的表達自己的意願是很重要的，是我要學習的。

從神來的思維與判斷

　　夢見有兩個姐妹在討論一些事，而我則是坐在一邊的旁觀者，他們好像是在規劃理財的事情，A姐妹是理財人士，已經幫B姐妹寫好一份保險單，我在一旁聽見A姐妹對B姐妹的說明，意思是每個月只要從B姐妹的薪水收入當中支付三千或五千元的額度，有計畫的把錢存起來。聽起來這個規劃很理想也很好，我當時在一旁聽著也覺得沒什麼不好，沒什麼不對，也覺得沒什麼壓力。只見A姐妹早已把保險單擬寫完畢放在桌上，只要B姐妹簽名即可，寫好保險規畫單的A姐妹對著B姐妹說，來，

簽個名就好。夢中的我在一旁觀看，心想如果我有固定薪水收入，每個月存一些錢起來是很不錯的規劃。

這個夢的另一個場景是在老舊的菜市場內，有一個賣肉食的攤位，是一個老媽媽和兩個女兒一起張羅，十分忙碌的樣子。表示生意很好，口味應該也不錯，而且還有很多人在排隊購買。但是看著他們動作迅速，把肉包入一些餡料中，然後又煎又炸，且因大排長龍需要迅速完成煮食，所以不太能考量衛生問題。其實，夢中的我在旁觀看，已經覺得很不衛生，雖然看起來十分可口美味，但仔細觀察，深深覺得大家怎麼完全不在意衛生問題，且視而不見。

這是同一個夢境兩個不同場景的比照。夢醒後禱告思想了好幾天，並且與生活上所遇到的一些事相比較下，才明白過來。原來，神在教導我一些事，有些眼光是我沒有的，是需要神提醒我對人對事，要有正確的判斷。不能覺得大家都認為是對的，是合理的，就是對的；然後就應該二話不說，沒有異議的同意對方。也像在傳統的思維裡，有些令人無法抗拒的美味食物，似乎不太去考究衛生或是道德

問題，許多問題則是隱藏在背後，表面上是合乎常理的製作，有益的推薦簽署，但是否妨礙健康問題，是否超越界線而侵犯主權問題，是否尊重個人的意願，沒有人意識到真正的對與錯，沒有人會介意。

付出愛心要有界線

夢見一位姐妹，在夢中我看到她的小孩長好大了，也長得好高，於是我高興的上前去和她小孩話家常一番。此時，我也看到姐妹在另一處忙自己的事，姐妹看到我與她的小孩正巧碰到，她也看到我們開心的聊著天，但是這位姐妹並沒有過來和我打招呼，也沒有說聲謝謝；因我曾經照顧過她的小孩，我的心裡甚是納悶，而且有一種自討沒趣的感覺。夢中的感受是，好像是我自己太熱情了，這麼主動熱情好像不太恰當，反使自己窘迫難堪，人家都不理會我了，我只需調整好我自己的情緒。再一次被神提醒，愛心要有界線，才知自己是相當有限的，時間有限體力更是大不如從前，不要再勉強自己了。

有一位姐妹因先生是身障人士行動不方便，需由姐妹自己一人完全承擔所有家事，經濟收入不太

穩定，生了小孩後就更加忙碌，很需要協助幫忙分擔家務。*我夢見來到這個姐妹家，幫她洗衣服。結果姐妹竟然又拿了一大堆的被單被套，表示要我一起洗。我心想怎麼會這樣，正想不通時，對方還表示水槽內一大堆的鍋碗瓢盆要洗，而且水槽內滿是污垢，我看了很是傻眼，不知如何是好。*實際上這個姐妹並沒有這樣對待我，而是神又再次提醒我，在為人付出關懷和幫助時，對責任的界線不要混淆不清。神要我們彼此相愛，但是並沒有要讓他人的責任成為自己的責任。在對方需要協助與困難時，能夠給予適時的幫助並伸出援手，且要對人背後的私心與軟弱的罪性，設立清楚的界線。界線並不是要我們停止愛人或停止幫助人，而是讓我們能夠更加自由的選擇行善，讓界線的功課幫助我們做正確、健康良好的方式回應對方。*夢中最後出現爸爸對我笑，我也對爸爸笑，爸爸還送我一袋禮物提回家。*神的意思是天父爸爸安慰我，雖然我無謂的被虧負，但父神仍然愛我而且加倍償還我更多的祝福。感謝神，神仍是保護我愛我，讓我不再毫無界線的滿足別人期待或是無謂的付出和給予，最重要的是神教導我一堂界線的功課。

8 污衊與抹黑

污衊就是歪曲事實、毀壞他人的名譽。抹黑意思是塗黑，也是醜化和歪曲事實。也許我們本沒有想要歪曲事實、想要毀壞或醜化他人的人格，或讓人的聲譽蒙黑。但是，我們在對別人轉述一件事時，可能帶著

自己不好的情緒、怒氣，或是有偏差的見解時，讓聽者產生對當事人不好的觀感，造成與事實不符或是有偏差的想法，就會造成污衊與抹黑的事情，卻不知是一個人在描述事情時，不當的表達方式所造成的，而讓當事人承受不必要的人格損傷以及毀壞信任關係。

出於神就默然不語

在夢裡看到一張照片，裡面是個裸露身體的色情畫面，赫然發現這張照片的人頭是我。學過攝影和暗房技巧的我馬上看出破綻，頸部有被剪接過，也就是照片經過暗房技術剪接合成的。知道這個夢是神要告訴我，我被污衊抹黑了，甚至被出賣了。做這個夢時，並沒有發生特別的事，照常每天的生活，但是在靈裡頭，卻可以很清楚的知道，我被污衊和抹黑了。以當時的情形，神引導讓我停下腳步放下一些事情，但是在一時之間無法對自己的特殊狀況說明清楚，以致於讓人產生偏差的想法，甚至是錯誤的判斷，因為神告訴我的事情，一時無法讓人理解與認同，所以，我只能默默的承受這些無形的壓力和偏差的解讀。詩篇三十九篇9節：「因我所遭遇的事出於祢，我就默然不語。」詩篇三十七篇7節：「你當默然倚靠耶和華，耐心等候祂。」我知道我所遭遇的事都是出於神，神要我默默的承受這些失去的信任和眼光，並且不要心懷不平，要耐心等待神為我解開這些不平的感受。

與人的互動關係上，時常會有這些狀況出現，

有的人粗線條也較不敏銳察覺這些改變，但有的人心細又敏感，較容易受傷。但這些也成為我們要學習的功課和調整自己的心態，以避免造成不必要的傷害。有一位 A 姐妹在小組裡與 B 姐妹十分要好，常常聯絡，聚會前經常相約一起吃飯，在她們相約時，B 姐妹常常遲到，或是約好應該出門了突然又說不出門了。持續一段時間後，A 姐妹被弄得很生氣，一次又一次被放鴿子、被爽約，造成不愉快的緊繃關係，最後以吵架收場，甚至 B 姐妹離開小組也不來教會了！

　　一個人要長時間忍受另一個人的缺點，幾次忍一忍，到最後屢勸不聽時，就容易爆發不可收拾的後果。問題是讓 A 姐妹承受許多的壓力，被認為是不原諒 B 姐妹，B 姐妹才會離開，也被認為不接納對方，留下來小組的 A 姐妹，不被諒解又承受莫名的被怪罪，好像是受害人一樣無辜和委屈，離開小組的 B 姐妹好像加害人一樣，無形中把過錯都留給 A 姐妹承擔。當然兩個姐妹都不是有意被害或蓄意加害他人，但是卻出現這樣令人難以忍受的結果，無法解釋清楚的尷尬場面。

　　A 姐妹必須默默的承受這些壓力和不原諒人的

過錯，以及對這件事不能認同的冷漠眼光。過了一段時間，A姐妹很委屈的跟我傾訴這件事，一時之間不知如何安慰A姐妹，後來與她分享，有些事情的確講不清楚，但是我相信我們的神是信實的主，祂深深知道你所受的委屈和承擔莫名的不諒解，神一定會替你伸冤，不久的將來一定會還你清白。後來B姐妹在臉書上寫著十分想念A姐妹並且表示有意想要恢復關係，我相信不管A姐妹承受多少委屈，一定可以再次接納B姐妹，神也必定會介入其中，幫助她們恢復並和好關係。

欲加之罪何患無辭

曾經做一個夢，場景是在一個教室裡頭，我要走去垃圾桶旁丟垃圾，旁邊走來一位弟兄，弟兄是有點年紀的單身弟兄，看到我正要走向垃圾桶丟垃圾，也跟著我走過來，且突然間對我獻殷勤的樣子，動作特別引人注意的親切。夢中的我趕緊閃躲開來，保持點安全距離，心想這個單身弟兄在教會待這麼久了，怎會不知道我是已婚婦女，而且有三個兒女都很大了，怎麼會對我做出這樣的動作來，是想要引人注意什麼？還是想要陷害我什麼？或者心

裡藏著甚麼詭詐？令人匪夷所思。

　　然後這個夢裡的場景是，*在這個教室的另一個角落有一位長輩在場，我心想一定都被大家看到了。我準備要離開這個教室，走出教室時，隨後跟著一位姐妹走出來，對我說了些話，意思是剛剛所發生的那一幕，大家都看到了，而且在角落的那位長輩也看到了，長輩要姐妹轉告我一聲說，我怎麼跟這個人做出這樣的事情來？夢中的我心想，天大的冤枉，是這個人走過來對我做出這樣的事，我閃躲都來不及，怎麼大家怪罪起我來了，怎麼不是去責怪這個單身弟兄對我做出踰矩的行為？我才是真正的受害者。*

　　夢醒時想想這個不解的夢到底是何意？心中有一股莫名的無奈與被污衊的感覺，這個無奈是大家所看到的，事實並不是這樣，但卻一致針對我，好像整件事情的不對都是因為我造成的，也好像我是罪魁禍首，讓我不知如何是好。其實，當時在現實生活中，我的確遇到了被污衊抹黑，人格被醜化的事實，後來想到一句成語「欲加之罪何患無辭」，心中甚感悲歎。

伸冤在主，主必報應

　　有一個弟兄在學校任教，帶一批學生做研究工作，有一天帶著學生要前往某處作研討，正好與一位女學生走在路上一前一後，突然間女學生不小心跌倒，自己爬起來後又再次跌倒，此刻身為指導老師走在旁邊，不假思索的扶了女學生一把。之後，事情演變成校園騷擾女學生事件。弟兄夫妻倆為此事深感痛苦與莫名的冤屈，校方不分青紅皂白的把老師判為騷擾女學生，並暫停老師部分教學的職權。弟兄夫妻倆在教會忠心服事，為人正直厚道並誠懇待人，怎會遭此污衊與抹黑？我們只有大力為弟兄禱告，更是求神彰顯祂的公義，讓事情能夠水落石出，還給弟兄一個清白。那位控告男老師性騷擾的女學生後來轉學了，不再追究此事，最後校方也恢復這位弟兄的教學職權，這件事情就此落幕。深信我們的神是替我們伸冤的神，伸冤在主，主必報應。弟兄也在此次冤情當中，更深倚靠神，並不放棄為主作見證，仍然忠心服事主，神是信實公義的主。

　　讓神來掌管這一切，神必定會給我們一個公義

的審判，顯明事情的真相，讓真相來替你說話，把這一切交給公義信實的神。羅馬書十二章19節：「親愛的弟兄，不要自己伸冤，寧可讓步，聽憑主怒；因為經上記著：主說：『伸冤在我，我必報應。』」耶穌被釘在十字架上，兵丁辱罵祂，門徒不認祂，背負莫須有的罪名，沒有為自己有任何的辯白，更沒有替自己伸冤，祂默默承受這些屈辱，背負眾人的罪與過犯，被釘死在十字架上。以賽亞書五十三章3-5節：「祂被藐視，被人厭棄；多受痛苦，常經憂患。祂被藐視，好像被人掩面不看的一樣；我們也不尊重祂。祂誠然擔當我們的憂患，背負我們的痛苦；我們卻以為祂受責罰，被神擊打苦待了。哪知祂為我們的過犯受害，為我們的罪孽壓傷。因祂受的刑罰，我們得平安；因祂受的鞭傷，我們得醫治。」因此，我們所承受的一切被污衊和抹黑，都是耶穌走過的路徑，而且耶穌已經使我們因著相信祂，全然得釋放了！

祂誠然擔當我們的憂患，背負我們的痛苦，
我們卻以為祂受責罰，被神擊打苦待了。
哪知祂為我們的過犯受害，為我們的
罪孽壓傷。因祂受的刑罰我們得平安，
因祂受的鞭傷我們得醫治。
以賽亞書 53 章 4-5 節

第三部

主前代禱(為弟兄姐妹禱告)

況且，我們的軟弱有聖靈幫助；我們本不曉得當怎樣禱告，只是聖靈親自用說不出來的歎息替我們禱告。鑒察人心的，曉得聖靈的意思，因為聖靈照著神的旨意替聖徒祈求。

～羅馬書八章26-27節

夢境告訴我的事

9

啟示性的代禱

有時候在夢中會看到他人的軟弱或缺點，但又不適合告訴當事人，因為會讓人感到不舒服或是被指責。因此，守望夢中神所啟示的人與事並為這些人代禱是我的責任。有時在為人代禱當中，也會讓自己更深的反思，是否我自己也落入一樣的罪性和軟弱當中？也求神除去我指摘人的指頭，幫助我不要只看到人眼中的刺，而是要看到自己眼中的樑木。

以基督的心為心

當我常常為人、為國家、為教會守望禱告，更加發現神要我進入更深的愛與接納。我切切的向神求更大的恩賜——就是愛。以基督的心為心，才能更深的用神的愛去愛及接納，用神的愛來愛我的國

家、愛我的教會。忽然明白過來，這就是從神來的呼召，成為一個代禱者。知道神向我顯明、啟示各樣隱密、深奧的事，是要站在破口中，用神的能力和權柄來禱告，堵住破口推開一切黑暗的權勢。羅馬書八章26-27節：「況且，我們的軟弱有聖靈幫助；我們本不曉得當怎樣禱告，只是聖靈親自用說不出來的歎息替我們禱告。鑒察人心的，曉得聖靈的意思，因為聖靈照著神的旨意替聖徒祈求。」哥林多前書二章10節：「只有神藉著聖靈向我們顯明了，因為聖靈參透萬事，就是神深奧的事也參透了。」我們在聖靈的引導中禱告，聖靈就與我們同工，在我們裡面為我們禱告，並且得著從神來的權柄，來對付一切黑暗的權勢。神興起祂的代禱者，站立在破口中，為人、為教會、為國家禱告，最重要的是一個代禱者的心腸，感同身受的站在對方的立場，做認同性的認罪悔改禱告，就像是自己的事一樣，在天父面前哭泣流淚悔改。但以理書九章5節：「我們犯罪作孽，行惡叛逆，偏離祢的誡命典章。」但以理並沒有參與百姓和祖先的罪，但卻為罪悔改禱告。尼希米記一章6節：「祢僕人晝夜在祢面前為祢眾僕人以色列民的祈禱，承認我們以色列人向祢

所犯的罪；我與我父家都有罪了。」尼希米為百姓和歷代祖先所犯的罪，做認罪悔改的禱告。我們無法改變過去歷史曾造成的失敗和錯誤，以及改變歷代祖先當初所犯的罪，但是我們可以在神的面前，祈求神賜下啟示智慧的靈，認罪悔改與饒恕，停止原來的惡行，回轉歸向真神，使我們的百姓國家社會轉向復興的道路。

主裡合一儆醒禱告

進入代禱者的禱告水流裡，發現神透過異夢給我的啟示，是一致且吻合的，明白這是神在我個人身上的命定與呼召，就是要為神的國度禱告。馬太福音六章33節：「你們要先求他的國和他的義，這些東西都要加給你們了。」當我們把神的國度擺在第一位時，神自然而然就會把這一切的需要供給我們，我們思念神的國，神就顧念我們的事，讓神為我們一切的需要負責，讓神的義成為我們的義，使我們裡面的需要，在神面前都可以得到滿足。雖然，我們軟弱的肉體也經歷許許多多的屬靈爭戰和仇敵攻擊，彼此之間也會有很多的不認同和不合一的差異問題，也會不慎落入口舌的罪，批評論斷的罪，

但是與我們同工的聖靈會提醒我們，要儆醒禱告，並且彼此認罪悔改、饒恕接納，讓神的愛與寬容更多的臨到我們彼此中間。

我渴望並努力追求超越人的軟弱和罪性罪行，不要因人的罪而錯失神的時機，失去我們與神的焦點。神只有一個心意，約翰福音十三章34-35節：「我賜給你們一條新命令，乃是叫你們彼此相愛；我怎樣愛你們，你們也要怎樣相愛。你們若有彼此相愛的心，眾人因此就認出你們是我的門徒了。」願神的心意成就，願神的國降臨，盼望看見神的救贖和轉化，更多的臨到我們的國家，不斷被更新的生命從個人發動出來，讓我們這片土地，因著神的榮耀被潔淨和醫治。

走在神的心意中

夢見一位國家級的政治人物，他對小朋友說：「我是數學專家……。」意思就是數學有問題可以問他。這位國家級的公眾人物，學歷背景是人人知曉的，他並不是專業的數學家，但他為了要取得信任與支持，卻說自己是數學家。當然，以他碩博士的高學歷要解答小學生的數學問題，是輕而易舉的

事，卻沒必要表示自己是數學家，因為這是與事實不符的。這個夢讓我直覺要為政治人物禱告，同時也是代表要為國家禱告，求神幫助我們的國家和行政管理者，有一個謙卑誠實正直的靈，治理我們的國家，求神祝福我們的國家行公義、好憐憫、存謙卑的心與神同行，走在神的心意當中。

夢見另一位國家級的大人物，我在廚房很忙碌的料理食物，為了接待這位首長和他的隨扈吃午餐，好不容易煮完一大堆午餐菜餚，我正忙著清洗一大堆的鍋碗，因為都是大菜有許多大鍋大盤，把廚房水槽堆得滿滿的，我不知何時才能清洗完畢。這時還要趕緊找一些乾淨的水杯和盤子，準備餐後的點心喝飲料，感覺很繁瑣困難，心裡有些微詞，怎麼這些人還不走？

沒想到夢中這位首長吃完午餐和點心進房間休息後出來，看我還在忙碌，他居然問我，「你有在準備晚餐嗎？」他似乎並沒打算離開，看起來還想留下吃晚餐，我趕緊說，「我並沒有要準備晚餐，目前還在洗碗善後」。這個夢讓我省察自己，是否像在夢中的人物一樣，接受人的款待還貪心佔盡別人的便宜。求神光照隱藏在人們心中的私慾，貪圖

利益和物質的享受，失去感恩的心和體恤人的勞累。這個夢同樣也是提醒要為我們的國家禱告，為執政掌權的禱告，求神賜下恩典憐憫，救拔我們脫離物質的慾望貪念，存著感恩的心，用真誠的愛付出行動回饋國家社會。

為各樣從神來的啟示禱告

夢見一個姐妹在騎腳踏車，突然間摔倒，馬上爬起來再騎，又再次摔倒。覺得怎麼會這樣呢？騎得蠻好的，怎麼突然間就這樣摔倒，而且連著兩次。我很擔憂會有一些突發狀況，可是經過一段時間後並沒有發生任何事情，所以我想這個夢，其實是要我長時間為她守望禱告。長時間為肢體禱告不要偏離神，靈性上也求神保守，不要絆倒自己也不要絆倒人，終其一生都在神的保守看顧中。我們不能輕忽從神來的代禱呼召，因著付上禱告的代價，神必祝福被禱告的人，以及祝福我們的國家社會。

夢見一位長者，看見他直接走進一個櫥櫃，應該說是躲進櫥櫃中。為此禱告，求神賜給他一個剛強勇敢的心，碰到困難和問題時，可以面對問題而不逃避問題。

夢見一位長者的兒子，在自家窄小的院子裡騎著重型機車。這個畫面很清楚應該要騎到外面去，卻是在院子裡面騎，可見年輕人有著旺盛的精力卻沒有適當的發展空間。為此禱告，求神顯明這件事，讓年輕人有一個施展抱負的正確方向，所擁有的恩賜能力可以真正發揮出來。

　　夢見一個姐妹，手牽著年幼的小孩，十分艱辛的走在陡峭的上坡路段。知道姐妹兼負家庭以及照顧年幼的小孩，還要承擔許多重要服事，也許別人還可以勝任，但是對她的個人背景和成長環境而言，卻是過重的負荷。因為曾經夢過這個姐妹的成長過程當中是缺乏愛與呵護的，因此若要與一般人背負相同的服事責任，是超出她所能承擔的。為其禱告，求神幫助她卸下重擔，不要背負超過自己所能承擔的責任。

　　夢見一對夫妻帶著孩子，全家人竟然在馬路中間擺置桌椅，像野餐一樣在馬路上用餐。感覺十分危險而且不解，為何在公開場合，不恰當而又危險的場地用餐。不明白他們的心態想法和動機是什麼？要引人注意還是要刻意表現出特別的行徑？為他們禱告，求神幫助他們調整自己的表達方式，不

讓仇敵有任何空隙、危險傷害臨到他們。

也曾夢到一位姐妹的先生，駕著一台感覺像拼裝的機踏車，整台車只有鐵的支架。夢中的畫面似乎是姐妹的先生蠻倔強的感覺，不願意相信福音。因為與姐妹不熟悉也很少碰面，隔了好長一段時間才遇到這位姐妹，於是詢問姐妹的先生是否尚未信主，一直不願意接受信仰？姐妹有些哽咽點頭表示，「家人和孩子們都信主了，惟獨先生多年不願意信耶穌」。我就明白，很需要為姐妹的先生迫切禱告尋求神，求主柔軟她先生剛硬的心，有顆願意的心來接受信仰。

夢見一對夫妻到外地去服事多年，這對夫妻好像被火焰燒著，有一位弟兄攙扶著他們說，「走，回家去。」為這對夫妻禱告，求神差派使者幫助他們，在困難中仍然倚靠神並且不離開神的家，得著從神的家裡面的愛與關懷。

夢見一位姐妹來到我家廚房，而我正在煮一鍋有肉有菜的大鍋湯，這時正好在講一通電話，於是姐妹非常熱心又積極的幫忙我，她發現需要一些青菜，隨即出去買了一些青菜，回來後動作迅速的把肉和青菜一起丟入鍋中，在講電話的我發現不對，

趕緊把青菜先撈起來，等肉燉爛了再放入青菜。這個夢顯示姐妹冰雪聰明且行事效率迅速，我想應該還是要為這個姐妹禱告，姐妹雖然積極又熱心投入服事當中，卻忽略了事情的先後次序，應該著重個人生命根基建造穩固純熟，才能有正確次序的過程，進而呈現一個完整又有績效的服事成果。

抉擇前以禱告為優先

　　夢見另一個姐妹，行動不方便走路須穿戴輔具，行走時手拿著拐杖腳上穿著鐵鞋。可是，竟然在夢中看到她，不知因什麼重大的事，奮不顧身的向前奔跑，而且邊跑邊把輔具一個一個的丟掉，似乎是因為過於急切，完全沒有考慮性命危險，速度快到我追趕不上。這與平日走路緩慢需要拐杖鐵鞋的樣子，真是天壤之別。而在夢裡我知道姐妹是為了要去追求一個一生都還沒有實現的夢想，或是說這一生都還沒去經驗過的人生大事，可能是結婚終身大事之類的。但是，令我十分不解的是冒著生命危險，不顧一切的把維護安全的輔具都丟棄一旁，去追求一生想要達成的願望。而最後姐妹到了目的地，卻發現這個想要一起實現人生夢想的夥

伴，是個外國人。而外國人是言語無法溝通的人，兩個極端的人，兩個不同國度的人。姐妹到最後看到是一個外國人，心想算了，該放棄了。

其實，這是令人感到憂心的。姐妹行走需要帶著輔具，代表姐妹心態是不健全的，她需要輔導來幫助她做選擇和判斷。可是卻在一念之間做了一個很不切實際的決定，不顧人身安全的奔向目的地，結果遇到的是一個無法溝通的人，而導致最後消極面對或是放棄。還是要為姐妹禱告守望，求神幫助她在人生重大選擇和決定時，要把禱告尋求擺第一，把神的心意和計畫視為優先考量，而不以個人情感私慾為目的。求神親自開啟她，引導她在人生的重大決定時，平穩踏實的行走每一個腳步，不讓世界的價值觀，情慾的世界和物質金錢左右她的思維和判斷。

這些從神來的啟示都是要時常守望與代禱，不管是人的軟弱或缺點，困境或錯誤的方向，我很清楚神要我守望禱告，不要輕忽神的託付與委任。求神親自幫助我們，脫離不自知的困境，引導正確的發展方向，迎向自由健康、寬廣的靈性事奉道路。我仍然切切的求神給我們一顆純潔的愛心，超越人

的不完全，站在破口上，同理人的軟弱與罪性，像耶穌一樣為我們代求，用說不出的嘆息聲為我們禱告。我們不能靠著自己的能力，來完成神的工作，求神的大能成就奇妙的作為。

10

參雜與純正

清晨夢見我在倒油，倒入一瓶子中，裡面已經有果汁，需要加入一些橄欖油。倒了許久，驚訝地發現，瓶子應該已滿，但是卻變少了，而且容量高度只剩下矮矮的三分之一而已。明明倒了許久，怎麼反而變少了？醒後思考著這個夢到底是甚麼意思？完全不知道該如何解釋。以為神在告訴我，我的恩膏變少了，心中一陣惶恐。後來碰巧的遇到一位具啟示恩賜的姐妹，便請她察驗並向她詢問這個夢的意思，「是不是指我的恩膏變少了？」她用非常肯定的語氣告訴我，「不是的，剩下這些少量的橄欖油是純淨的橄欖油，是神使之純淨，除去參雜的果汁，並且只剩下有恩膏的橄欖油」。我聽

後覺得相當有道理，並且明白過來。神要提醒並教導我，給我一個新的眼光來判斷事情的真相，分辨虛假與真實。因為我們的神是聖潔沒有瑕疵的。我們要追求祂的聖潔，注入我們的生命當中。讓生命愈加純淨，充滿神的美好形象。

虛假的愛

馬太福音五章37節：「你們的話，是，就說是；不是，就說不是；若再多說就是出於那惡者。」在這個社會中，許多人為的因素影響，讓事情看似真實卻是虛假的。許多純正的言論也會參雜了個人的私心與驕傲、慾望及仇恨。所以，反映出人內心裡面是否真誠無偽。而我們基督徒是否活出神善良、純全、可喜悅的旨意？我們是否手潔心清，用清潔的心來事奉我們的神，敬拜聖潔的主？然而我們敬虔的外表，裡面是否參雜肉體的情慾，眼目的情慾，並今生的驕傲，從世界來的、從人的私慾而來隱而未現的罪，陷入惡者的欺哄和引誘試探中。

但若是這恩賜中也參雜著人的私慾、隱而未現的罪、不自覺的惡，和邪靈的欺騙，帶著錯誤的動機，靈裡沒有分辨與謹慎的察驗，違反聖經的原則

與教導，又在沒有權柄的遮蓋與指正中，往往更容易陷入極大的錯誤，進而違背神的原則。這也是我們容易偏行己路，造成錯誤的屬靈亂象，混淆事實，違背神的真道而行。

遮掩的心態

曾經發生一件事情，當時令我百思不解。到底是對還是錯，無法即時給自己一個明確的判斷。有一位姐妹，很有屬靈恩賜，有一種屬靈的感染力，讓我們更多想要渴慕親近神。她積極傳福音，熱衷教會的服事，事情的發生就像平常一樣，沒有任何破綻，好像也很有屬靈根據。有一天姐妹宣稱神告訴她，要她到國外服事一位弟兄。姐妹非常積極面對這件事，要我們相信她這一切都是出於神，她表示，神要她獻出自己的丈夫和孩子像亞伯拉罕獻以撒一樣，也願意將自己獻上當作活祭，將自己最親愛的家人獻給神，這是她向神表明她的心志。這件事讓我完全無法接受，我們是多麼的看重這位姐妹，她是如此敬虔愛主。我安靜在神面前向神尋問，怎麼能讓她陷入如此的迷惑裡。我為這個不解的困惑，流淚問神，求神給我一個答案。

這件事過了半年之久，我在等神給我一個答案，這段期間我做了幾個夢，與此事有關的都記錄下來，作為判斷的依據。*我夢見有一個男的在吊橋上跑過來，吊橋的木頭地板上有一個破洞，這個男的沒有看見就踩進這個洞，從橋上掉下水裡，而且浮到水面上時，馬上帶著一個面具，我知道浮出水面的人是誰，而且一旁有這位姐妹的先生。*所以，可以判斷這個夢是指這件事，這個男的快速跑過吊橋時不慎掉入水中，因不慎掉入水中覺得很羞愧，所以浮出水面時就戴著面具，怕被人認出他是誰。帶著面具也就是用另一種面貌呈現出他對這整件事的心態反應。*另一個夢是有一位年紀稍長的男子與一位年輕女子親近，被我看到了，我去叫住他們。因為夢中我知道男子在欺騙年輕女子。夢中當我看見時，有一些人圍過來，連這位年輕女子也圍過來，要一起指控這個男子。在夢中我大聲的說出，這是個騙局，我要揭發它！*神透過這兩個夢揭開了整件事情的真相，讓我真正明白過來，識破一切的謊言與欺騙，不管是從人的私慾來的還是從撒但來的，就是一個騙局，而且神要我揭發這件事情的真相。

辨別謬誤的靈

　　約翰壹書四章 1-3 節：「親愛的弟兄啊，一切的靈，你們不可都信，總要試驗那些靈是出於神的不是，因為世上有許多假先知已經出來了。凡靈認耶穌基督是成了肉身來的，就是出於神的；從此你們可以認出神的靈來。凡靈不認耶穌，就不是出於神，這是那敵基督者的靈。你們從前聽見他要來，現在已經在世上了。」四章 6 節：「我們是屬神的，認識神的就聽從我們；不屬神的就不聽從我們。從此我們可以認出真理的靈和謬妄的靈來。」憑著這一點，我們知道怎樣辨別真理的靈和謬誤的靈。因此，我們必須察驗諸靈，務要凡事察驗。使我們在這屬靈的亂象中或事件的背後，能夠分辨、洞察事實的真相。因為神所賜的啟示可能經由一個不完全的人或不成熟的器皿，參雜了不純正的意念、私慾、錯誤的情感或是添加了自己的想法，而陷入錯誤和罪惡當中。雅各書一章 15 節：「私慾既懷了胎，就生出罪來；罪既長成，就生出死來。」這個死就是因為罪而帶來隔絕，造成整件事情錯繆的呈現出來。而我個人也因對神的話語不夠清楚，信心不夠

堅定，判斷經驗不足，陷入這個致命的陷阱中，導致屬靈的亂象層出不窮，出現在我們當中而不自覺，被這個騙局欺哄。

顯明暗中隱情

耶穌被釘在十字架上也是順服真理，顯出完全的愛，沒有參雜虛假與欺騙。彼得前書一章22節：「你們既因順從真理，潔淨了自己的心，以致愛弟兄沒有虛假，就當從心裡彼此切實相愛。」我們的生命經過許多的試煉，神就是要去除我們生命中的雜質，就像去除橄欖油內的果汁一樣。若是我們被邪情與肉體的世界欺騙了，失去了生命中最珍貴的靈魂，就會造成悲慘的結局。將來耶穌基督再來時，我們都要像祂，因為我們將看見祂的榮光與真相，每一個盼望基督顯現的人都會保持自己的純潔，正像基督是純潔的一樣。神憐憫我們的軟弱與罪性，因著神的啟示，讓我明白了真理和真相，因著迫切的代禱，神也沒有讓姐妹全身仆倒，最後這位姐妹並沒有離開她的家庭，因為耶和華用手攙扶她。詩篇三十七篇24節：「他雖失腳也不至全身仆倒，因為耶和華用手攙扶他。」我們的神是信實可靠的，

縱然我們失信於祂、甚至違背了祂，但神的選召不但沒有後悔而且不改變。提摩太後書二章13節：「我們縱然失信，祂仍是可信的，因為祂不能背乎自己。」雖然我們的肉體敗壞，使我們陷於罪中，神再一次接納並且寬恕我們的罪行，使我們可以重新恢復神兒女的身分，和神在我們身上的選召。哥林多前書四章3-5節：「我被你們論斷，或被別人論斷，我都以為極小的事；連我自己也不論斷自己。我雖不覺得自己有錯，卻也不能因此得以稱義；但判斷我的乃是主。所以，時候未到，甚麼都不要論斷，只等主來，祂要照出暗中的隱情，顯明人心的意念。那時，各人要從神那裡得著稱讚。」因此，我們不要評斷任何人，唯有鑒察人心的主，到那時候祂要顯明藏在黑暗中的祕密，揭發人心裡的動機，而我們各人會從神得到應得的稱讚。

用真理判斷事實和真相

約翰壹書三章18-20節：「小子們哪，我們相愛，不要只在言語上和舌頭上，總要在行為和誠實上。從此就知道我們是屬真理的，並且我們的心在神面前可以安穩。我們的心若責備我們，神比我們的心

大，一切事沒有不知道的。」因此我們不僅學習分辨真實與虛假，神也會教導我們用真理判斷事實和真相，並且使我們能領悟一切的事，在神的裡面自然而然可以安穩。面對不明白也無須驚惶失措，繼續安靜尋問主、等候神，自然就有神的平靜安穩在我們的靈裡頭，讓我這個人不至滑跌不受動搖，我要更加謹慎儆醒禱告，神也清楚的告訴我不要論斷這件事，不要論斷人，也不要論斷我自己，神自會顯明真理與真相。求神賜給我們一個謙卑溫柔的心與神同行，給我們屬天的眼光面對人與自己，面對世界背後所隱藏的邪惡與錯誤。詩篇一三九篇23-24節：「神啊，求祢鑒察我，知道我的心思，試煉我，知道我的意念，看在我裡面有甚麼惡行沒有，引導我走永生的道路。」

11

為丈夫受苦

曾經有一位姐妹，健康檢查發現有惡性腫瘤，開刀切除後，經醫師判斷需做化療。姐妹有年幼的孩子，先生的工作非常忙碌。因此，大家協力安排時間來照顧她。時間許可的姐妹們，一部分在醫院陪伴禱告，一部分輪流在家照顧小孩接送上下學等。我們可以

為病人做一些需要上的安排，但是很難深入瞭解病人內心的感受，或是心靈層面的需要是什麼。我與姐妹的關係不是很親近，但卻夢到與她的感受很深的連結，好像是我陷入了這個病痛裡。

神醫治的大能

我夢見一個婦人，感覺是一個承受很多痛苦的人，她看到我就翻開衣服，讓我看到裡面開刀後留下很大的空洞痕跡，我見著後十分驚恐害怕，從來沒有看過這麼大的傷口痕跡。她表示為自己的生命感到痛苦萬分，在夢中這個婦人的苦情很深的進到我心中，我很想去跟她傳福音，告訴她，我們的神可以拯救她。這個夢不知如何解釋，夢中婦人的傷口痕跡就是姐妹開刀切除腫瘤的部位，因此判斷夢中的婦人就是這位姐妹，而姐妹和她先生是信主多年的基督徒，怎會需要我去傳福音給他們呢？所以我去思想傳福音給他們是什麼意義？原來傳福音就是傳講神的大能，神有醫治的大能必要除去一切疾病所帶來身心的痛苦，神要我這樣告訴她，神大能的雙手必拖住他們全家人。

為了基督受苦

　　另一個夢是有一個婦人在蓋房子的工地中，四周圍是挖深的地基，婦人陷在這挖深的地基中，無法離開這地而亟需救援，好像有一個聲音說，這婦人是遭到丈夫的逼迫而受苦。當時無法理解夢中這個遭受丈夫逼迫的婦人，與姐妹生病開刀的痛苦有何關聯？後來明白過來，神要告訴我，姐妹開刀化療所承受的痛苦，不是因為罪的緣故而承受痛苦，乃是在神的旨意中承受痛苦，為了丈夫受苦，其實就是為了基督受苦，丈夫就是基督。我明白神要我去告訴姐妹，她生病受苦是為了神的緣故，為了基督的緣故，也就是出於神特別的旨意。羅馬書八章17節：「既是兒女，便是後嗣，就是神的後嗣，和基督同作後嗣。如果我們和祂一同受苦，也必和祂一同得榮耀。」當我們在一個受苦的環境中，即便是苦難或是疾病、災難、困苦或是患難中，我們很容易陷入沮喪、痛苦、悲傷裡，甚至會對神發出很大的困惑、憤怒與埋怨，為什麼要經歷痛苦？為什麼要在患難中？為什麼陷入疾病？是我得罪神嗎？還是我必須付出罪的代價而接受懲罰？最大

的問號是為甚麼是我？這是最不能接受的事實，尤其是最不能理解的事，不管是自己或是別人，總是不願意接受痛苦甚至抗拒。尤其在治療過程中帶來的疼痛，令病人更加痛苦萬分甚至想要放棄，病人所承受痛苦的煎熬和壓力是我們無法體會的，我們可以做的就是安慰、支持、鼓勵、陪伴與禱告，感謝神讓我在靈裡看見姐妹心中的感受，後來有機會到醫院探望她時，不知要用什麼話語來安慰她，但我向她表示神要我這樣告訴她，受苦是為了基督的緣故，基督就是我們在天上的丈夫。我無法很深的體會她的痛苦而深感抱歉，但是我們的神是全能的神，可以全盤瞭解，祂是憐憫施慈愛的神，必用厚恩待我們，許多事不是用言語可以表達，而我們卻可以用愛的行動傳遞神的心意。

苦難中的雕琢

透過這件事，神幫助我調整我的眼光，面對苦難新的眼光，不再任意定罪自己，責怪神或責怪人。若沒有神的允許我們一個苦難也不會發生，若沒有神的保守與帶領我們早已喪膽了。我們實在要向神

承認，我們不夠認識神，沒有真認識神，不明白神的旨意。神使用這些苦難以及艱難的環境來破碎我們裡面的己，讓環境來雕琢磨練我們，如果一昧的敵擋抗拒、不能接受，只感受到痛苦的一面，甚至心中發出怨言，面對這些不合理的環境，埋怨神離棄神，不相信神可以改變這一切，這些不信就會攔阻神的作為，破壞神美好的計畫，無法成就神的工作。尤其在我們身心靈疲憊時，更需要緊緊抓住神，迫切禱告尋求神，神就要在沙漠開江河、在曠野開道路。這些苦難與逼迫，使我們與神的腳步更加親近，明白苦難是神要給我們更大的祝福，使我們的生命更加成熟、信心更為穩固。以賽亞書三十章20-21節：「主雖然以艱難給你當餅，以困苦給你當水，你的教師卻不再隱藏；你眼必看見你的教師。你或向左或向右，你必聽見後邊有聲音說：『這是正路，要行在其中。』」

有一個姐妹時常打電話向我抱怨她的丈夫，在突發狀況時對妻子不耐煩的口氣和急躁的態度，雖然在生活中丈夫顧家又顧小孩，但是脾氣和態度常常是他們夫妻關係失合的衝突點。姐妹最無法忍受

的就是，丈夫對待別人總是客氣又有耐心，反而對待自己妻子是沒耐心又不客氣。這個問題也許是夫妻在相處上很普遍的問題，先生總是沒耐心又脾氣不好，而太太總是期待丈夫的溫柔體貼，現實的生活狀況與浪漫的期待完全相反，造成妻子長時間處在失望當中。在電話裡感受到姐妹的受苦與委屈，抱怨連連，不知如何安慰她，只能聽她訴苦為她禱告。我建議她，若是真的無法改變丈夫的脾氣個性，處在消極的忍受委屈，是否嘗試積極去接受丈夫的軟弱與缺點。後來發現姐妹不再抱怨了，姐妹與我分享，丈夫的脾氣個性仍然沒有改變，而是自己一直在努力的接受這個不願意接受的事實，或是更加小心不要去惹動丈夫的怒氣。

夢見姐妹和她的丈夫在一輛大客車上，夫妻倆準備要下車，太太手上並無攜帶任何行李，丈夫卻背著沉重的行李，而且有五大包行李都扛在肩上。 這個畫面我明白了一切，不管姐妹的丈夫所背負的是看得見或是看不見的重擔，有形或無形的背負，都是沉重的。也許指的就是姐妹丈夫的原生家庭中，成長環境的受壓程度是超過他所能承擔的，也

許是父母的夫妻關係，與家人的互動關係是受創傷的。感謝神透過這個夢讓姐妹明白丈夫脾氣態度不好的由來，知道丈夫已經背負了超過他所能承擔的重擔，既然丈夫的脾氣和不耐煩，是因為過去成長背景承受許多的重擔壓力，是無法改變的事實，也只有姐妹漸漸的調整自己，學習如何放下期待，用更深的愛與接納在兩人關係中。姐妹不再向我抱怨她的先生了，因為覺得抱怨是一時之間抒發情緒，不能徹底解決問題，姐妹也因此更深的去體會神的心意，藉由不喜歡這樣被對待的環境中，明白神熬煉她的信心，在艱難與困苦的心境中，依然愛神不離開神，仍然以祂為樂。這是多麼不容易的事情啊！

　　姐妹的丈夫也因為姐妹的改變，彼此之間減少了許多壓力，她放棄追討丈夫在脾氣態度上帶來的傷害，調整自己的情緒和放下期待，不再定罪丈夫，丈夫自然而然放下堅持己見的脾氣個性，反倒修復了關係，而且讓仇敵沒有空隙毀壞婚姻關係，見證神榮耀的恩典。為地上的丈夫受苦也是一椿美事，因為這受苦是與我有益的，為要使我學習祢的律

例。腓立比書四章 11-14 節:「我無論在什麼景況都可以知足,這是我已經學會了。我知道怎樣處卑賤,也知道怎樣處豐富;或飽足,或飢餓;或有餘或缺乏,隨事隨在,我都得了祕訣。我靠著那加給我的力量,凡事都能作。然而,你們和我同受患難原是美事。」

仰望神而來的盼望

*曾經夢見自己像一隻飛翔的老鷹,突然掉落草叢中,也夢見像一隻落難雞一樣,艱辛痛苦難熬的度日。*讓我很深的體會,當人失去所看重屬世的依賴,就陷入悲慘的痛苦裡。然而要如何超越這些肉體的依賴,不要一直被痛苦抓住,唯有讓自己有從神來的眼光,倚靠神仰望耶穌,我們才有真正的盼望。耶利米書二十九章 11 節:「耶和華說:我知道我向你們所懷的意念是賜平安的意念,不是降災禍的意念,要叫你們末後有指望。」

求神救我們脫離抱怨和放棄的心思意念。腓立比書一章 29 節:「因為你們蒙恩,不但得以信服基督,並要為祂受苦。」因此我們受苦是為基督,基

督就是我們在天上的丈夫，我們就是祂的新婦，預備我們的心，進入神的呼召和命定中。彼得前書二章 21 節：「你們蒙召原是為此；因基督也為你們受過苦，給你們留下榜樣，叫你們跟隨祂的腳蹤行。」感謝讚美神，跟隨耶穌的腳蹤行，是何等的美，何等的甘甜，這受苦是與我有益的，我們蒙召也是為此。

夢境告訴我的事

12

快樂出航

有一位姐妹已經慕道一年多,後來經由朋友介紹輾轉進到教會和小組,安排洗禮及受洗前的所有流程,也很快受洗。而姐妹從接觸信仰到受洗一直相當渴慕和積極追求,因此小組長帶姐妹讀經禱告一段時間,姐妹在教會穩定參加崇拜,也參與服事,與小組姐妹們的關係形同家人一樣。受洗大約在半年後姐妹的婆婆因感冒呼吸有點困難住進醫院,結果住院後又產生一些併發症,年事已高的婆婆抵抗力弱,一度緊急住進加護病

房。當時我們感到十分難過，心想萬一有甚麼不測，對一個初信的人來講，會不會對神喪失信心呢？我們趕緊通知大家為此事迫切禱告，並且請教會牧者和小組姐妹去為婆婆禱告。

感謝讚美神，姐妹的婆婆躺在加護病床上，身上插了許多管子，無法用言語表達，但心裡柔軟，牧者用國、台語交替為她禱告，婆婆頻頻點頭表示願意接受與相信，令人十分感動。後來姐妹的婆婆也決定相信耶穌，並在病床上接受洗禮。她的婆婆的身體的狀況愈來愈好，而且出院在家休養。姐妹本來有工作需要到公司上班，但為了剛出院身體虛弱的婆婆，願意選擇在家全時間照顧婆婆，姐妹表示這是神的恩典，而且是神鼓勵姐妹這樣決定的，所以這位姐妹毅然決然的放下工作，在家照顧身體虛弱的婆婆。我相信這樣的行動就是為了福音的緣故，為了基督愛我們的愛，向家人表達愛的積極行動。

互相代求，彼此扶持

姐妹的婆婆受洗出院後不久，姐妹就發現婆婆偶有睡眠不好，感覺有某種黑暗權勢的壓迫，受到

驚嚇而無法安睡，經家人詢問婆婆，得知婆婆也希望並同意拆除家中的偶像。此時，出現兩種聲音，一方贊成婆婆的心意拆除偶像，另一方卻極力反對，覺得你們要信耶穌就去信，為甚麼還要拆除偶像影響要拜的人呢？這個時候困難和挑戰來了。姐妹請大家為這件令人棘手的事禱告，不知該怎麼辦？主要是家人另一邊反對的聲浪並不示弱，姐妹十分為難。但她仍然感謝讚美奇妙的神，當神的手介入其中時，聖靈動工分別在每個人心中說話。最後沒有人堅持己見，偶像順利拆除了，反對的聲浪也因順從婆婆的心意，希望老母親可以健康安穩的睡覺，讓拆除偶像的事件平安落幕。

經過這次經歷，我相信在這位姐妹的心中，會更加堅定的信靠主耶穌，而且與其他小組姐妹們建立美好的肢體關係，彼此互相代求，彼此扶持。在困難當中，交托仰望神，學習在小組裡一起為肢體的需要和困難禱告，為未信主的親友們提名代禱，這位姐妹十分穩定在教會小組中學習成長。

信心考驗，充滿盼望

由於姐妹的先生還沒信主，後來漸漸覺得週日

早上到教會參加崇拜又連著參加下午的小組，能夠陪伴先生假日在家或外出的時間就顯得困難。突然在一個週日崇拜結束後，姐妹向她的小組長表示，想要換到週間的晚上小組。小組長當然表示沒有問題，同意姐妹離開小組多一點時間陪伴家人。但是事情決定的有點突然，頓時讓小組姐妹們感到不捨。姐妹自己也覺得決定的太倉促，讓大家沒有心理準備，覺得很對不起小組長和大家。在小組裡已相處一段時間，有同甘共苦的感覺，一起分擔苦與憂，彼此代禱扶持。突然間像要分手似的，令人離情依依。姐妹因為初信不到一年，經歷信心的考驗，加上姐妹相當渴慕追求主，屬靈生命迅速成長，反倒激勵了信主多年的我們。所以，小組長和姐妹們紛紛表示難以割捨這份姐妹情誼。

後來姐妹表示在決定換小組的當天清晨做了一個夢，*姐妹夢見有一艘大船，好像鐵達尼號好幾層樓的大輪船，船的倒影是在天空的白雲上，很特別的倒影，通常倒影是在水面上，夢中的倒影卻是在白雲間。*根據姐妹的描述感受到船代表的意義有啟航的味道，就是啟動新的航向。而且，有白雲形成倒影，一定是個晴朗的天空，象徵著美麗的景象帶

來新氣象。應該是在告訴姐妹的轉換小組是一件令人感到愉悅，而且充滿著盼望的未來。

後來姐妹夢到大船的當天清晨，她的小組長自己也做了一個夢。*夢見和姐妹分別走在兩條不同的路上，且是往同一個方向，小組長去拉姐妹的手，握住姐妹的手。* 此時，兩人一對照夢境所要帶出的意義，明白過來，知道是神分別在對兩人心中說話。這事出於神，相信神有特別的心意和帶領。於是雙方都決定不要再離情依依，難分難捨，順從神的帶領。彼此祝福對方，未來仍在一個航向當中，一起快樂的出航，加快速度啟動新的航向，竭力保守聖靈所賜合而為一的心，努力追求生命之道。以弗所書四章 2-3 節：「凡事謙虛、溫柔、忍耐，用愛心互相寬容，用和平彼此聯絡，竭力保守聖靈所賜合而為一的心。」

夢境告訴我的事

13

天上的婚宴

有一對即將進入婚姻的夫妻，在教會上迦拿婚姻課程，也就是婚前輔導課。完成課程必須由牧長推薦一對已婚夫婦，為新人禱告祝福。因此，認識這對

新婚夫婦來到我們家中，分享婚姻生活，並且為他們禱告。這是第一次見面，第二次見面姐妹已生下寶寶，和幾位媽媽、寶寶來到我家，一起分享餵母奶的經驗。雖然與他們的認識關係並不深入，但是看到他們夫妻，十分忠心委身在教會的服事當中，我就非常感動。

仍有主美意

兩三年後這對夫妻生下第二個寶寶，沒多久卻傳來一個令人震驚的代禱事項。這位忠心服事主的弟兄罹患癌症，而且狀況很不樂觀。當時教會發動緊急禱告網絡，並且成立專人守望禱告網，每天迫切禱告呼求神親自醫治弟兄，求神存留他的性命，使他能夠完成在地上為人父親的責任，並且在地上繼續事奉神。這期間醫院發出數次病危通知，在第一次病危通知時，*我做了一個印象深刻的夢，夢見這位姐妹和兩個孩子，卻沒有看見這位弟兄*。當時我的解讀是，弟兄是缺席的。這個令人沉重的解讀，是我們眾人都不願意接受的事實，幾個禮拜後傳來弟兄已被主接走的消息。前後大概兩個月左右，全教會都在為這件事呼求神。事情的發生出乎我們的預料沒有人能說什麼，因為我們都很清楚，這事出

於神，神允許這件事的發生。

神親自扶養長大

　　不管我做了什麼夢，我解讀了什麼意思，我心中最深處仍然對神發出最大的吶喊，為什麼？為什麼一定要這樣？為什麼神要讓孩子失去父親？為什麼神要讓姐妹失去丈夫？這個傷慟很深的擊中我。我不想要接受，也不能接受的事實，一直這樣發生著。我流淚向神哭訴，我們姐妹這麼年輕要如何承受喪夫之慟呢？未來的日子要如何走下去呢？她要如何獨力扶養兩個孩子長大呢？

　　神憐憫我讓我做了一個夢，*夢見和我先生要去探訪這位姐妹和兩個孩子，並且為兩個孩子按手禱告。夢中見到這兩個孩子都已是青少年，長得高高瘦瘦，看起來有些靦腆不太好意思的樣子。記得要去他們家的途中，經過一段很長的路途，路徑上還有一些田野，感覺像是經過了一些年歲。我仔細端詳兩個孩子的長相，哥哥跟父親的五官相貌十分相似，妹妹長大後也跟媽媽很像。*

　　神用這些畫面讓我看到未來，極有盼望的未來。同樣的神也告訴我，神親自扶養這兩個孩子長

大。神用祂自己來代替地上的父親，天上的父親必親自眷顧這兩個孩子。神憐憫我的軟弱和情感上的不捨，讓我看見未來，一個有盼望美好的未來，孩子可以安然的成長，在教會、牧長、同工、弟兄姐妹的關懷扶持中長大。感謝神，在令人最傷痛不捨時，用這個夢安慰了我的心，全然交託給主信靠神。

存著喜悅盼望敬畏神

神用一段經文告訴我關於這件事，希伯來書十二章27-29節：「被震動的，就是受造之物都要挪去，使那不被震動的常存。所以我們既得了不能震動的國，就當感恩，照神所喜悅的，用虔誠、敬畏的心事奉神。因為我們的神乃是烈火。」我們的神是烈火，要焚燒一切不合神心意的心思意念，燃爐燒毀我們的罪與軟弱，屬世的情感與痛苦，都要在神的烈火中焚毀。神也使用整個事件震動人的心，震動我們過去的經歷，震動我們的文化與傳統，震動我們所抓住的情感與依賴，只有神的話語是不能被震動的，存著喜悅盼望的心敬畏神。

教會在一個週六下午舉辦追思禮拜，前一晚我做了一個夢，**夢見我要去參加一個婚宴，需要穿著**

正式的服裝，很喜氣的情境，我和先生帶著小孩一起參加，夢中交代我家小孩要乖乖坐好，不要亂跑。隔天卻是來到這位弟兄的追思禮拜會場，我一直無法忍住悲傷，淚流不止，因為看見弟兄的父母親、家人、妻子、孩子，白髮人送黑髮人，一陣陣的傷痛與不捨湧上心頭。最後我去擁抱這位姐妹，我哭得好傷心……。追思禮拜結束後我才發現，前一晚夢見去參加的婚宴就是指這個追思禮拜。我們在地上為他追思悼念，而在天上卻是用婚宴來迎接他，相信耶穌和眾天使們都一起歡迎弟兄回天家。

經過半年後，幾個姐妹帶著小孩來我家玩，這位弟兄的太太和兩個孩子也同行，我希望他們來到我家被接待可以很開心。後來，突然間這位姐妹提起先生過世的傷心事，並且流淚傾訴心中難掩的情懷，我趕緊過去抱住她，和她一起哭泣流淚，一時不知如何言語……。我心想應該告訴她有關這整件事情。我跟她說，神告訴我，這是一個天上的婚宴，天使迎接弟兄回到天家；並且告訴她，神讓我在夢中看見將來兩個孩子長大乖巧聽話的模樣，神一定會供應他們的需要，神會親自帶下醫治和安慰。

感謝神，給我超越屬世的眼光，超越時空看見

未來，從自然界帶到超自然界，牧師在追思禮拜中傳遞天上來的信息，安慰弟兄的家人和妻子，看見有盼望充滿愛的未來。而天上的婚宴也再次提醒地上的我們，是永生神的兒女，都要與神超自然的屬性有份，看見那未見之事的實底，讓信心勝過疾病與死亡的權勢。

14

落空

有一位單身姐妹在工作業務上與一位客戶接觸，發現是一位靈性很好的主內弟兄，愛神愛人並且清楚從神來的異象與使命。經過幾次接觸後，更加深對這位弟兄的好感。於是打電話請我為她禱告，求問神是否會有進一步的發展。我們在電話中一起禱告後，我表示一起等候神的啟示回應我們。很奇妙的是，在當晚做了一個夢，我很清楚是神在回答我們。*我在夢裡看見一個畫面，有一串葡萄只有梗子和枝子，沒有果粒在上面。*

我明白神的心意，要我回應她不要對此事抱著

希望，也就是希望會落空。我心想這樣告訴她會不會太直接了，令人不舒服。但我還是決定按照神感動我的告訴她，事後證明，這位姐妹自己也覺得並不適合和這個客戶做進一步的交往。雖然令人有所失落，但是我們還是要學習相信，接受神一定另有美好的心意和安排。以賽亞書五十五章 8-9 節：「耶和華說：我的意念非同你們的意念；我的道路非同你的道路。天怎樣高過地，照樣，我的道路高過你們的道路；我的意念高過你們的意念。」神的話語從不落空卻是要成就神的計畫和旨意，因為祂的智慧無法測度。

神的旨意是最好的

　　為另一位姐妹禱告，姐妹的先生工作臨時被調到南部出差處理業務，需半年的時間，姐妹因為是南部人，娘家父母親和其他家人都住南部。所以很想禱告求神藉此機會，舉家搬遷回南部居住，也求神開路為他先生在出差半年後，可以有機會繼續在南部發展。我們分析各樣優缺點，覺得在南部的房租和生活消費較輕省，又有家人可互相照應。因著有這些令人興奮的正當理由，也覺得跟神禱告應該

會得到神的應允。

結果沒想到期待落空了！*我夢見姐妹帶著小孩站在高處，拿著一塊面積不大的小毯子，想要帶著孩子一起往上飛。可想而知，當然是飛不起來。*我明白神的心意，就是出差半年後仍然是繼續留在北部發展，神並沒有這樣的計畫，現實生活中神也的確沒有為她去南部開路，於是我請她再次將未來的道路交給神，順服神沒有按著自己所求的成就，雖然期待落空，但是相信神關閉一扇門，也必為他們打開另一扇門。

結果半年後弟兄回到北部發展得很不錯，所經營的業務和客戶都相當穩定，孩子考上北部大學，姐妹在北部教會也有非常好的裝備和學習，生命有很大的更新和突破，在教會有很重要的服事角色。雖然過去的夢想像泡沫一樣破滅，之前的期待也落空了，但是神將更大的祝福和恩典，臨到這個家庭，順服就蒙服。馬太福音七章 11 節：「你們雖然不好，尚且知道拿好東西給兒女，何況你們在天上的父，豈不更把好東西給求祂的人嗎？」

超越困境的眼光

　　有一個情形正好相反的姐妹，在單身時信主受洗，我已很久沒見過這個姐妹。聽說姐妹結婚了，但是先生尚未信主，而且相當反對這個信仰，於是姐妹的教會生活受到很大的攔阻。過了十幾年後突然有一天，姐妹打電話給我。一時不認得她的聲音，聊了幾句話後才知道是這位姐妹。電話那頭傳來哽咽的聲音，才得知姐妹這十幾年來是如何辛苦的生活；先生堅決反對她的信仰，多年來自己在工作崗位上一直沒有獲得肯定，小孩在學習上發展困難，這些艱難與困苦壓得她喘不過氣來。姐妹心中發出一個最大的問號，就是為什麼神都不愛她？她求的東西為何神都不給她？

　　一時之間，我不知要如何安慰她，也為她感到難過，多年來她一直停留在期望落空的日子裡。我仍然在電話裡為她禱告，求神幫助她，挪去心中這麼大的不信，求神把信心的眼光賞賜給她，把這些困難和疑惑再一次交給神，在她心中重新點燃信心之火，放下裡面緊緊抓住的期待，全然的交給神。哈巴谷書三章 17-18 節：「雖然無花果樹不發旺，

葡萄樹不結果，橄欖樹也不效力，田地不出糧食，圈中絕了羊，棚內也沒有牛；然而，我要因耶和華歡欣，因救我的神喜樂。」若我們已經付出一切的辛勞，卻看不到任何應得的回報時，我們要選擇不再相信神？還是要選擇繼續相信神？我們是否無論失去所有的一切，仍然要因拯救我的神歡喜快樂？當我們所得到的結果是落空時，依然默默的接受，並且心中仍然以神為樂？常常對自己的內心發出這樣的問號，我全然相信了嗎？我完全接受了這一切的安排嗎？我可以全心全意的愛主了嗎？在我所期待的事情上都落空時，我還是要來愛祂嗎？我是否可以踏上信心的旅程？並且回應神對我的愛說，主啊！是的，我願意相信祢。這是一個多麼不容易而又超越的眼光，完全從神來的眼光。

有一個姐妹與我分享與丈夫的關係上，如何超越了人的眼光和期待。丈夫常常對姐妹所做的家事與付出，覺得稀鬆平常，而且會開一些傷人自尊的玩笑，讓妻子深覺不被尊重與肯定，常常落入失望與受傷的情緒中。姐妹在多次的受挫裡，勇敢的向神承認自己的軟弱與錯誤，深深的期待丈夫的肯定與鼓勵，反而造成丈夫的壓力和彼此之間的關係緊

繃，也許只是普通的一個玩笑，卻造成夫妻兩人關係的損傷。與其常常在這種失落裡面，還不如跳出來給自己一個不一樣的眼光；她告訴自己不再期待丈夫的肯定與鼓勵，沒有獲得這些仍然歡喜快樂的付出，沒有得到從人來的讚賞，依然甘心樂意服事丈夫與孩子。她分享的見證是多麼超然的眼光，提升了更高的境界，真實的踏上信心之旅，心思意念被神保守，不再被仇敵奪去剛強的心，勝過人的軟弱與罪性。妻子的調整反而帶來正向的改變，漸漸的丈夫沒有被期待的壓力，自然而然地使關係更加融合，帶來彼此之間更深的愛與接納。

順服神的安排

一位即將結婚的姐妹，婚期已訂，她邀請我們夫妻參加婚禮。姐妹請我為她禱告，希望她的娘家父母可以出席婚禮並且為新人祝福，因為女方家人反對這椿婚事好幾年，並且堅決不參加婚禮。我想起在姐妹邀請參加婚禮之前兩三週，有做一個夢，*夢裡和我先生參加一個婚禮，雖然不知是誰的婚禮，但夢裡感覺好像是女方的親友不太多。*所以當姐妹提到要為她的父母親能來參加婚禮禱告時，我

立刻聯想到這個夢，沒有多一點思考，就直截了當的告訴她，父母親應該是不會來了。事後我想了許久，覺得不應該這麼直接表達出來，這樣會讓當事人頓時感到極大的失落感。而且我的表達實在太直接又欠周詳的考慮，應該婉轉一點，於是我鼓起勇氣打電話給姐妹，跟她道歉，原諒我沒有惡意的直言，好像把她這麼高的期望潑了一道冷水似的。她只是存著一顆單純仰望神的心，求神在婚禮中行神蹟，感動父母親改變心意來到婚禮現場。

就在婚禮的前一天，*我的女兒夢見在婚禮中看見新娘的爸爸出現了*。我很高興有這個訊息，也等待奇蹟出現，但是從婚禮開始到結束，都沒有看到女方的家人出現，而是由教會牧師代為主婚，牽著新娘走紅地毯。事後，我想女兒夢中的這位爸爸，不是指她地上的爸爸，意指天上的爸爸會出現在會場。果然，令人十分感動的婚禮，充滿了神的祝福，也充滿了聖靈的同在。從詩歌敬拜中，看到會場充滿神的榮光，牧師和師母就像慈愛的父親、母親，全場充滿令人感動的詩歌與祝福，聖靈運行在整個婚禮當中。神親自以祂自己來代替一切，神也用祂的祝福和恩典來填補這個缺憾。也許我們所求的落

空了，但相信神仍然把上好的東西留給祂的兒女，選擇相信神，決定順服神的安排，使我們心靈得自由。

15

遠離惡習

曾經夢見一個姐妹在抽菸。實在不明白是什麼意思，以我對她的瞭解，是不可能抽菸的，也不好冒然對她說，夢到她有抽菸的事。所以，想觀察一段時間再看看。經過一段時間後，發現這位姐妹不但沒有抽菸，而且也沒有會影響到他人的壞習慣。有一次跟她聊天，發現她異常的大笑，笑聲非常誇張虛假且不自然。我就問問她為何這樣，瞭解原因後始知，近日常和一群朋友開玩笑，而且是互相嘲笑對方的毛病。原來

是這樣，朋友之間常常互相嘲笑，而且已經變成一種習慣。所以告訴這位姐妹，這樣好像不太好，蔚為風氣更不是好現象，應該要改掉這個壞習慣，於是和她一起禱告，求神把這個壞習慣，知道或不知道的原因都挪去。後來漸漸的發現姐妹的笑聲自然也正常多了！

不受惡習的轄制

因為有此印象深刻的事件，我開始注意到抽菸是代表惡習。後來有一位姐妹問我一個問題，她說她近日常常在自家廚房聞到菸味，她問家裡先生小孩都沒聞到。過幾天後她又在客廳聞到菸味，先生小孩也都沒聞到。隔壁鄰居長時間出國，不可能是鄰居家的菸味飄過來，她覺得非常詭異。所以這位姐妹問我有何想法？這時我很快的回答她，「妳再仔細觀察看看，若還是這種情形，別人都沒聞到就妳一個人聞到，就是代表靈界的菸味」。也就是代表有甚麼癖好或壞習慣。結果她很快的回答我，可能最近她沉迷於電玩，或許是神在提醒她。於是姐妹很快做一個決定，在家或出門隨時攜帶聖經，大量閱讀聖經。感謝神，姐妹很快的悔改並且跟神約定，要好好讀神的話。之後，她也就不再聞到菸味。

哥林多前書六章 12 節：「凡事我都可行，但不都有益處。凡事我都可行，但無論哪一件，我總不受它的轄制。」也就是什麼事我們都可以做，但沒有益處的事要避免，並且不要讓它變成壞習慣，甚至成為惡習而受它的轄制。因此要禱告脫離惡習，不再受到轄制，要讓心裡得自由。

遵行神旨永遠常存

曾經夢到我住在一個宿舍裡面，而且要搬離這住屋，我請清潔人員來幫忙打包行李，走進屋內時，看到一箱一箱都打包好的行李，發現有一些寵物不知如何處理，而且有四、五種的寵物，有蜥蜴、變色龍、鍬形蟲等，還有一些都不一樣又不知名的寵物，也都關在一起。心想，不知要花多少時間把這些寵物分開，才不會互相咬傷，很不好處理的感覺。結果夢中我沒處理好，蜥蜴不小心跑出來，但我不知道要怎麼抓回來，感覺非常困擾。這些寵物好像是代表不同喜愛的嗜好或收藏，而這些不同的寵物同時放置在一個行囊內，根本就是個錯置，會帶來許多困擾與麻煩，並且耗費不必要的時間和精力。

夢醒後我馬上向神禱告，求神幫助我省察自

已，心中還有什麼緊緊抓住不放的嗜好，還有什麼隱藏不自知的寵物，有形無形的耗費許多的時間精力，求神幫助我，放掉這一切屬世界，諸般不尊榮神的事物。約翰壹書二章 16 節：「不要愛世界和世界上的事。人若愛世界，愛父的心就不在他裡面了。因為，凡世界上的事，就像肉體的情慾、眼目的情慾，並今生的驕傲，都不是從父來的，乃是從世界來的。這世界和其上的情慾都要過去，惟獨遵行神旨意的，是永遠常存。」聖經教導我們不要愛屬於世界上的任何東西，愛這世界就沒有愛天父的心，而這一切屬世的慾望都將消逝，也只有實行神旨意的人要永遠存在。也*曾夢到我打開電腦、電視和手機，同時想要玩三種遊戲，其實根本無法同時這樣玩，這是一種耗費，耗費時間、精力在玩樂上。*因此，知道神要提醒我，是否同時耗費在沒有意義的事上。更知道神要我關閉一切不屬神的事物，拒絕這些沒有益處的玩樂，神要讓我更多專一的愛神、愛人，定睛仰望神、渴慕追求神，專心去完成神在我身上的託付。神光照我，讓我心中得自由，不再去經營耗費時間、精力在不重要的事物。

16

該吃藥了

曾經做一個夢，不知是在講誰？夢裡的情節是這樣的：*在一個社區裡，有一戶人家的太太突然生病需要就醫。在夢裡聽見一個聲音，「該吃藥了，不然就要叫救護車。」*我完全不知道這是指哪裡的社區，是哪位婦人？我猜想是否是我住的社區，突然有個

婦人發病要緊急叫救護車。所以，我也隨時密切注意是否有救護車進到我們社區，有哪個住戶的太太突然生病了。注意了一段時間，也沒發生這類的事情。這個夢是在那一年的七月十九日夢到的，結果是在隔三、四個月後發生了一件事情，才明白這個夢的含義。不過，一開始我也不能確定這樣的聯想與猜測，是否正確？但是到了最後事實證明一切，我的猜測無誤，這當中引起很大的誤解，甚至是不諒解。

負面關係造成心靈傷痕

有一個姐妹在工作上突然發生狀況，她的主管對她有很大的誤解與不信任。對於一向工作認真負責的這位姐妹，造成很大的打擊和傷害。她也嘗試解釋或是表達自己的立場，卻引起更大的衝突，甚至影響工作的去留。因此，她每天傷心流淚，請人為她禱告。一開始我沒有立即想到跟這個夢有何關聯，只是為她的需要禱告。而將近一個月的時間，她總是哭哭啼啼，每天淚流滿面。我才發現她的哭聲異常，事態嚴重，連日來的重複哭訴，沒有一點改善。姐妹們為她禱告、安慰、規勸、陪伴都沒有任何功效，怎麼會如此呢？我反覆思考這個問題，

實在令人不解，我才想到這個夢。初步判斷夢中提到的相關點都吻合，也許不能如此冒然的斷定是她，需要在神的面前禱告察驗是否就是她。

在這期間陸續夢到兩個夢與這位姐妹有關，*我夢到這位姐妹在小學時曾經受很深的傷害，在一、二年級時因父母關係破裂，造成性格上有明顯的偏差。但在夢中小女孩外表似乎很正常，內心受到父親的棄絕，卻壓抑受傷的情緒，沒有被處理好的傷痕深埋在心裡。*

另一個夢也是這個小女孩，*我夢到這位姐妹在小學五、六年級時，曾經受到親友的傷害，造成非常強烈的自我防衛機制。夢中她的住屋四周圍牆又高又厚，形成對人的防衛與不信任。所以當工作壓力和衝突排山倒海的來臨時，抗壓性就更顯的脆弱而且不堪一擊。*

等候神力量復原

當我確定這兩個夢都是在指這個姐妹時，一時衝動想要為她解決問題，又怕她無法承受。所以就間接透過姐妹的先生，建議她應該要去就醫，不然就要叫救護車了。結果，完全沒有料想到，姐妹真

的不能接受我的建議，甚至讓他們夫妻倆起了很大的衝突。於是我跟姐妹的先生求證兩件事，把相關的這兩個夢簡略描述，確認發生的時間點。而他表示太太的確有這兩個傷害，都是在小學時發生的。雖然引起很大的不諒解和反彈，但似乎有一個聲音告訴我，神一定會還我一個清白，但我仍然期待我們姐妹可以病得醫治恢復健康。

　　事情在一個月後有了急劇的轉變。某天晚上大概六、七點鐘，來了一通電話，我接起來聽見對方一個低沉的聲音說，「請為我禱告，我要去看醫生了，現正在等門診。」對方講完話，我才發現原來就是那位姐妹，我立刻在電話中為她禱告，神真的還我一個清白。姐妹因憂鬱症去就醫的第一時間打電話給我，讓我知道我的建議是對的。此刻覺得，即使之前遭受極大的否定和不諒解，也都無所謂了。最重要的是當事人可以得到幫助，問題可以獲得解決。

　　經歷這件事後，相信我所遭遇的都是出於神，神一定會為我主持公道。而我要做的就是默然等候神的作為，使我可以力量復原。詩篇三十九章9、13節：「因我所遭遇的是出於祢，我就默然不語。

求祢寬容我，使我在去而不返之先可以力量復原。」
參閱提摩太後書三章 12-17 節：凡立志在基督耶穌
裡敬虔度日的，也都要受逼迫，因信基督耶穌有得
救的智慧。因此，我相信許多事情的判斷都是源自
於神的智慧，並且得著盼望，因我的指望在乎祢。
姐妹經由就醫服藥和牧長同工的輔導陪伴，漸漸恢
復健康的生活作息，狀況十分穩定，她也和我恢復
良好的互動關係。感謝神，把一切榮耀都歸給神。

圍籬式的保護禱告

　　後來這位姐妹因為一個小手術在家休息，我和
其他姐妹約好去探望她。在她家遇到她的媽媽，姐
妹和媽媽非常熱誠接待我們。發現她的媽媽腳踝受
傷貼著藥布，經由詢問才得知幾天前家裡遭竊，不
慎傷到腳踝。我馬上聯想到當天清晨做了一個夢，
夢見在一個房子屋外的庭院，院子裡有一個小孩，
腳踝斷了。我很緊張地趕快把它接起來，小孩又開
始哭了，覺得很奇怪，怎麼把一個小孩放置在屋外
庭院中呢？怎不怕被偷走或被傷到呢？院子的籬笆
非常矮，腳一跨就可以跨過去。怎麼會這樣危險的
放置小孩呢？姐妹的媽媽腳貼著藥布，我就知道是

夢裡的這個小孩。我的解讀是姐妹的媽媽在初信階段，她的靈裡像個小孩一樣，家裡遭竊是撒但要攻擊她的信心，需要為她做圍籬式的保護禱告，求神保護她的媽媽在初信階段，信心需要更多禱告守望。神保守這件事，媽媽的腳踝只是扭傷並沒有真正斷掉。我提醒姐妹要天天為媽媽做圍籬式的保護禱告，讓初信的媽媽，身體、心靈、家產不受攻擊、毀壞、偷竊。

這位姐妹實在是一位很棒的屬靈姐妹，看見她在生命中不斷的追求成長，渴慕神，而且十分敬虔愛主，知足感恩，是用膝蓋服事主的人，以致於她的全家都蒙恩得救。有一次姐妹們去她家祝福禱告，我看到一個畫面，她家就像一個玻璃屋一樣，屋頂是透明玻璃，而且透著強烈的陽光，屋內十分明亮溫暖。我感受到他們一家人都是敞開心向著神，讓神的光直接穿透屋內，使得屋內是清潔明亮的，就像住在神的居所一樣，神大大祝福她們一家人。

為家人做圍籬笆式的禱告

夢境告訴我的事

17

十一月十九日

服事是一種甘心樂意的付出，在你的恩賜裡，在環境、時間、人力、體力各種狀況都允許時，可以服事神、服事人而心裡不作難。但有時候卻是事與願違，當狀況出現在受限的因素中無法執行任務與責任時，或是無法隨己意去服事人；如果又遇到不能被理解的情況時，或總是被期待按著他人的想法去做，這時容易造成壓力或產生誤會，甚至引發衝突。

因被誤解關係斷裂

我不小心在這種受限的狀況中，得罪了一位姐妹。導致引發她很大的怒氣，讓我陷入這個傷害與被她指責的控告裡。而我的錯誤就是在對方提出一個需要時，還沒有想清楚，就同意對方的提議。事

後覺得不妥，與原來進行的時間衝突，覺得應該先和權柄商量再決定此事。於是向對方表達原委並道歉無法配合時間之後，對方就怒氣冲天不接我電話。我一時無法承受如此的責怪與怒罵，如何處理與面對呢？期待神介入其中，幫助我明白一切。

在這期待神介入的其間我做了幾個夢，神透過這些夢，清楚的對我說話，並且教導我如何看待這件事。我夢見手上抓了一隻鸚鵡，是一種珍貴少有的鳥類。想要擁有牠就用力抓住牠，但鸚鵡為了掙脫會弄傷我的手。所以我找到櫥櫃，把牠關在裡面，不讓牠飛走，後來想要再去處理牠時已經悶死了。這個夢的感受與實際發生事情的情形很像，關係的斷絕是由於強迫性的壓力所造成。

另一個夢中我看見有一張圖畫，在黃昏的天色中，看的出來這張圖畫想要表達詳細又真實的畫面，卻因為有些作畫的錯誤而做了一些修改，整個構圖與傳達上已失去了原本要傳達的真意了。而我本身是學畫畫的人，一眼就看出這張畫的問題點。夢中讓我很驚訝的是，上面寫著一段經文，我很清楚的看見是出自一段聖經的文字，但是經文的意思已經和整張畫的內容不符合了，所以我的領受是，

很明顯這是比喻一個屬靈誤用，意思是表面上具有屬靈意義，而實際上卻是被錯誤使用，也就是在這件事上我被很深的誤解。

謙卑認錯安度風暴

另一個夢是*我在一個高地上，感覺有一個聲音叫我下來，有強風在附近要小心，不要上去會被風吹走。所以，我在夢中很謹慎的趕快下來，而且彎著身軀走下來*。這個夢在強風的高地，很像我在這件事的處境十分的危險，我必須要放下一切，有錯就認錯，該道歉就道歉，不然捲入這強風的侵襲當中是更加危險的。

還有一個夢是有一個像大水管似的瓦斯管，快要爆炸了。我感到好危險好可怕，如果有一個引爆點，馬上就會爆炸，大家都會沒命的。還好，最後被控制住了。總之，這幾個夢都是在描述我在這整件事裡的處境，經過強風與大爆炸的危險地段，我不僅要小心通過，而且要彎著身軀學習謙卑的功課，才能安然度過此次的風暴。

彼此饒恕愛裡成長

我得罪姐妹的這件事情是在九月一日發生的，在發生事情的一個多月前，*七月二十八日我夢到一個畫面，一本很大本的日曆上面寫著十一月十九日字樣，而且這個姐妹也在一旁。*夢醒後我在日記寫著，不知十一月十九日與這個姐妹會發生什麼事？

後來，神用另一個夢的畫面，對整件事情有一個正面的回應。*我夢見一群人拿著小圓盤盛著蛋糕，準備要吃蛋糕。*意思是指大家經歷過這件事後，生命都被神擴張了，神開廣每一個人的眼界，一起承受生命的恩膏。原來這是有生命恩膏的事件，讓當事人和每一個陪伴我們一起經歷這件事的人，都和我們一起成長了！

奇妙的是，原本這位不諒解我的姐妹，後來為了表達對我的歉意，和我相約在十一月十九日，她要請我吃飯。這件事總算有一個圓滿的結束，感謝讚美神！祂是公義且信實。我深深體會被誤解、被辱罵，甚至被屬靈誤用的感受，一路走來痛苦難當，但也走過來了，我發現後來事情的發展與夢中的畫面一樣，在十一月十九日結束整件事情。後來在夢

裡看見姐妹年老的樣子，依然健康美麗，與神有美好的關係。神是如此愛她、接納她。神再次幫助我，用神的眼光去看她，我決定放下一切所有負面的情緒，選擇完全順服，在神的愛中彼此饒恕與接納。

在不完全中被主建造

後來又夢到她怎麼長的好高，我都要抬頭看她，然後往腳下一看，發現她穿著很特別的鞋，在夢裡她告訴我，長高是因為穿上特別的鞋，就長到這麼高。後來我告訴她這個夢的詳細內容，得知她的父親在病床上受洗歸主了，她也正在傳福音給她的母親。我才明白是她把福音的鞋穿在腳上，信心加倍增長就像長高一樣。以弗所書六章15節：「又用平安的福音當作預備走路的鞋穿在腳上。」姐妹十分迫切為家人信主得救禱告，神把信心賞賜給她，結出聖靈的果子。她是一位很特別的姐妹，經歷許多的風浪，仍然在主面前為家人禱告，並且常常為國家與教會禱告。神又在夢境中讓我看到一個很奇特的畫面，是我這一生中未曾見過的景象。夢見一大群蝴蝶正在遷徙，這是千載難逢的景象。蝴蝶的飛舞美麗動人，上上下下飛來飛去，而且同時

往一個方向飛去，夢中有姐妹和她的家人，表示姐妹與家人就像這個獨特的族群正在遷徙移動，這是一件極偉大而美麗的生態。我更加體會明白，神教導我用一個獨特的眼光，來看她和她的家人。神在她身上的改變與琢磨，就像蝴蝶的遷徙十分引人注目而感動人心。也因此與她之間所有的事，我都看為稀奇。以致於我看事情看人的角度被扭轉過來，學習謙卑的功課，也看到自己不完全和疏忽的地方，更改變了我的思維與行徑。再一次感謝讚美主，歡呼歌頌主的得勝在我們的軟弱上顯出能力來，我們才能夠愈加的剛強，在不完全的人身上建造我們彼此的生命。

第四部

靈裡的分辨
（分辨諸靈）

如果我們的福音蒙蔽，就是蒙蔽在滅亡的人身上。此等不信之人被這世界的神弄瞎了心眼，不叫基督榮耀福音的光照著他們。基督本是神的像。

~ 歌林多後書

四章3-4節

夢境告訴我的事

18

耶洗別的靈

耶洗別是聖經舊約中以色列王亞哈的妻子，亞哈王是個柔弱的君王，而耶洗別則管理國家的政策。她是個有強烈野心控制慾的皇后，他崇拜巴力假神，是一個充滿邪惡的皇后。耶洗別讓她的百姓拜偶像行巫術，提倡姦淫以及不道德的行為。耶洗別擊殺了所有屬神的先知和祭司，並且毀滅神所有的祭壇，聳動百姓行耶和華眼中看為惡的事。因為耶洗別是個掌控又嚴厲的人，會帶來懼怕使人陷入被轄制的靈裡面。

神居首位斷開掌控的靈

　　而我們現今國家、社會，甚至個人生命深受耶洗別的靈影響，拜偶像行巫術，淫亂不道德的行為，流無辜人的血、死亡沉睡的靈，這一切罪的連結，都根源於耶洗別的靈。而耶洗別的靈總是想要控制一切，有一股強烈的掌控慾望，想要奪取權柄的勢力。若無法奪取就會引起很深的恐懼害怕。生命中有很大的不安全感。對人強烈的批評、定罪、控告，或令人想要躲避這個人，感到壓迫感、被轄制、憤怒、嚴厲、苛責。特別顯出驕傲、頑固、悖逆、自以為是。帶給人的或是從人帶給自己掌控與壓制，這些明顯耶洗別的靈，有很深的魂結牽連在我們的生命當中。

　　如果我們的生命把神擺在首位，讓神在對的次序中，神的靈自由運行、掌管我們的生命主權，自然而然可以斷開耶洗別的靈。如果不是，可能這些靈界的亂象就會更多存在我們國家社會教會以及我們個人的生命當中。甚至使人忘記命定，失去神對我們的呼召，使人失去人生焦點。

起來禱告打破幽暗權勢

如何勝過耶洗別的靈，除滅耶洗別的靈？哥林多後書四章3-4節：「如果我們的福音蒙蔽，就是蒙蔽在滅亡的人身上。此等不信之人被這世界的神弄瞎了心眼，不叫基督榮耀福音的光照著他們。基督本是神的像。」因為在靈界中有一股權勢，使人看不見福音的真光，也就使福音被蒙蔽，無法認識真神。無法認識真神就無法用神的道來敵擋惡者的勢力。

因此，每一個屬神的兒女都要甦醒，起來爭戰禱告，打破這幽暗的權勢，砍斷人們與靈界的牽連，首先要打破耶洗別的靈，為我們歷代祖先崇拜偶像，淫亂不道德的行為，墮胎流無辜人的血，承認我們得罪了真神，求神赦免我們的無知，悔改在神的面前。求神洗淨我們，潔淨這地醫治這地。讓神在我們的國家掌權，在我個人的生命掌權。讓神的榮光彰顯在這地，讓神的大能綑綁一切撒但的權勢。我們要用信心大聲宣告，天上地下惟有耶和華祂是神，除祂以外，別無他神，使天下萬國知道惟有耶和華是神。

夢境告訴我的事

19

拜偶像的靈

曾經做一個夢，在一個大樓地下樓層很寬敞的地方，有許多人在忙碌，我站在其中，赫然發現有一個很大雕刻偶像，我向人詢問「怎會擺放這個偶像呢？從哪裡來的偶像」？有一姐妹回答我，「不要再問了，趕快處理掉，不然老闆看到了要發飆了！」

其實地下室就像是隱藏在我們人的內心深處，存在著偶像的靈，而我們並不這麼認為，我們心中有形無形的在拜偶像，我們也不自覺。有形的拜偶像就是拜金牛犢、祭拜雕刻的神像，無形的拜偶像就是心中充滿了追求世界的成就和名利地位，崇尚物質追求財富，放縱私慾與貪婪，體貼肉體敵擋真神。

心中隱藏的偶像

曾經夢到一位長者，他駐足在廟宇偶像前。這

是令我不解的事，不明白為何一位令人敬重的長者，要站立停留在偶像面前。可見隱而未現的罪、偶像的靈充斥在人心裡的地下室，也就是心中的偶像隱藏在人的內心深處。詩篇十六篇 4 節：「以別神替代耶和華的，他們的愁苦必加增。」若是我們裡面一直有個空缺不能滿足，想要用各樣的方法得到，而這些事物在心中的地位愈來愈取代神的地位時，就會成為心中的偶像，而偶像帶給人的必定是愁苦加增。除去心中的偶像，最重要的是真正認識神。認識真神就不會把假神當成真神在拜，全心全意的信靠神。存著一個感恩的心，被神的愛大大的充滿，自然就會有一顆感恩的心。帖撒羅尼迦前書五章 16-18 節：「要常常喜樂，不住的禱告，凡事謝恩；因為這是神在基督耶穌裡向你們所定的旨意。」讓神無條件的愛進來，除去裡面沒有安全感的老我，全心全意專心信靠神，詩篇十六篇 9-11 節：「因此，我的心歡喜，我的靈快樂；我的肉身也要安然居住。因為祢必不將我的靈魂撇在陰間，也不叫祢的聖者見朽壞。祢必將生命的道路指示我。在祢面前有滿足的喜樂；在祢右手中有永遠的福樂。」

除主以外別無拯救

　　*曾經夢見一對老夫婦，因著兒女的期待與要求，決志信耶穌了。但卻偷偷的在陽台外面築起偶像的祭壇。*這個夢提醒我們，帶家人或朋友信主，一定要十分地確定對方是否真正的心裡相信口裡承認耶穌是他的救主。表面點頭相信，心裡卻存留著偶像的靈，並沒有真正的得救。我們為家人朋友得救信主禱告，要付出禱告的代價，不住的禱告、情詞迫切的禱告，不放棄的禱告，直到聖靈動工做成奇妙的工作為止。

　　在傳統的信仰歷史背景中，世人渴望崇拜神明，但是撒但設下陷阱欺騙始祖、欺哄人心，使人心被蒙蔽遠離真神，祭拜人手所做的偶像神明。導致拜偶像帶來一切黑暗權勢與堅固的營壘，盤據在人的心中甚至玷污這地。**出埃及記二十章 3-5 節：**「除了我以外，你不可有別的神。……不可跪拜那些像，也不可事奉它，因為我耶和華你的神是忌邪的神。」我們的神是忌邪的神，拜偶像會帶來神的忿怒和審判，疾病和咒詛，災禍和不平安，甚至帶來巫術的靈，行邪術的活動和交鬼的文化。*我夢見*

我走在一個陌生的地方，好像是充滿行邪術、巫術的異國，所經之地高高低低，不平的窟窿地，走起路來十分不安。其中街道上有一店家像是交易行邪術之處，有一男子走進去正要進行交易邪術之事，男子還刻意迴避人的目光。這個夢境中，神啟示我要為我們歷代祖先不認識真神崇拜假神來認罪悔改，求神赦免我們事奉人手所造的偶像，赦免我們行邪術、交鬼的活動，玷污自己也玷污這地。求主赦免我們不敬畏獨一真神，赦免我們不認識創造天地的主宰，以致我們的國家社會因拜偶像帶來一切黑暗的權勢。

求神給我們悔改的機會，為我們的國家、社會禱告，為我們自己禱告，使我們轉離惡行，破除一切拜偶像的靈，斷開一切巫術、行邪術的靈。使人心找到真正的生命源頭。因為，除主耶穌以外別無拯救，天下人間沒有賜下別的名，我們可以靠著得救。申命記四章39節：「所以，今日你要知道，也要記在心上，天上地下惟有耶和華祂是神，除祂以外，再無別神。」求神引導我們在永生神的面前悔改歸向神，走向敬畏真神的道路。

20

淫亂、不道
德的靈

當我們以為自己在一個安全穩定的靈性狀態中，反而是仇敵正準備要攻陷的時候。彼得前書五章8節：「務要謹守，儆醒。因為你們的仇敵魔鬼，如同吼叫的獅子，遍地遊行，尋找可吞喫的人。」我們若不能隨時儆醒自潔，往往在一個環境中存著淫亂的咒詛時，或是自己心思意念已經偏斜不正，加上意志薄弱容易受動搖時，這時就會產生錯誤的戀慕情感、精神外遇、婚外情、婚前性行為、邪情私慾、同性戀、貪戀別人的妻子，貪戀別人的丈夫，這些造成錯謬的思想和行為上的性關係，都是根源於淫亂不道德的靈。以西結書二十二章10-12節的經文中所述不潔之人以及行可憎的事，一切的亂倫，都是不道德的。

罪帶來疾病與咒詛

詩篇五十一篇5節：「我是在罪孽裡生的，在

我母親懷胎的時候就有了罪。」因此，既使我們已經信主受洗，但軟弱的老我罪性根源也會驅使我們陷入罪惡。遺傳的咒詛或是環境的屬靈空氣被罪惡的黑暗權勢所玷污時，仇敵獲得合法的地位來控訴、定罪、攻擊毀壞我們，使我們的眼目和肉體陷在情慾的罪惡中。性的不道德所造成的傷害，帶來疾病與咒詛，傷害自己也傷害別人，身心靈都會受到創傷，以致於整個婚姻、家庭、兒女都深受其害。

曾經做一個夢，夢見我走在妓女院的巷道上，我在打量經過我面前的婦人，心想這些都是行淫的婦人嗎？ 這個夢以為是神要我為行淫的婦人禱告，後來才發覺其實是要為我們的國家社會、家庭、個人和環境，沾染淫亂不道德的靈，做認同性的認罪悔改禱告。求神赦免我們的罪，承認我們得罪神也得罪人，承認我們傷害自己也傷害人，承認我們有形無形犯了屬靈淫亂的罪。求神赦免我們沒有專一的心事奉真神，我們事奉多個主，就像行淫的婦人事奉多個丈夫一樣。約翰福音四章 17-18 節：「婦人說：『我沒有丈夫。』耶穌說：『你說沒有丈夫是不錯的。你已經有五個丈夫，你現在有的並不是你的丈夫。你這話是真的。』」撒瑪利亞婦人因混

亂的性關係，使自己的生命蒙羞，只能躲避他人的眼目。直到遇見未曾謀面的耶穌，指出她生命的黑暗，婦人立刻悔改領受福音的大能。

馬太福音六章24節：「一個人不能事奉兩個主；不是惡這個、愛那個，就是重這個、輕那個。你們不能又事奉神，又事奉瑪門。（瑪門是財利的意思）。」求神赦免我們沒有專一的心敬拜神，事奉神又事奉瑪門，赦免我們沾染肉體情慾與私慾的污穢，赦免我們容許自己成為罪的奴隸。求神救我們脫離各樣情慾與淫亂的罪，被世俗合理化的淫亂、不道德的罪所轄制。

被罪玷污與神隔絕

夢見走在一個老舊的市場內，看到一個攤位非常殘忍的畫面，所販賣的是一個幼童當祭物一樣掛在木架上，慘不忍睹的販賣現場。另一個攤位令人不解的是，所擺置販賣的東西與招牌示意要賣的完全不同，就像掛羊頭賣狗肉一樣。夢中繼續走進一個老舊的飯店裡，而這老舊飯店的走道地毯上充滿了霉味。再往前看，飯店內的住宿房間，竟然都沒有隔間，房間與房間都是相通的，沒有任何界限與

*遮掩，像是沒有牆垣一樣。*這個令人感到窒息不舒服的夢境，我十分不明白神要我怎麼禱告？其實，這些不法、不道德的行為，充斥在我們環境中，我們世人所行所為玷污了這地，凡行這些事、不道德的行徑，都為耶和華所憎惡的。申命記十八章 9-13節：「你到了耶和華你神所賜之地，那些國民所行可憎惡的事，你不可學著行。你們中間不可有人使兒女經火，也不可有占卜的、觀兆的、用法術的、行邪術的、用迷術的、交鬼的、行巫術的、過陰的。凡行這些事的都為耶和華所憎惡的；因那些國民行這可憎物的事，所以耶和華你的神將他們從你面前趕出。你要在耶和華你的神面前作完全人。」因為那些事可以使我們被玷污，使我們與神隔絕。

　　我的心隨著進入一個與神隔絕的傷痛裡，深深的知道我們世人得罪了神，我和我的列祖得罪了神，我們沉浸在不道德的風俗中，並且使不潔淨的性關係合理化。我願意承認並且悔改，求神赦免我們的罪，洗淨我們的眾罪污，求耶穌的寶血塗抹我們的過犯。為我們的國家城市悔改，為我們世人因淫亂和墮胎帶來流無辜人的血這些不道德的罪，求神大大的赦免我們，求神來醫治潔淨這地，求神興

起更多的代禱者，站在這個破口上為我們國家城市禱告，求神砍斷一切淫亂不道德的罪性根源。當我們願意為國家、祖先認罪併悔改，在靈界裡仇敵黑暗的權勢就失去合法的地位來控訴、攻擊我們，耶穌的寶血洗淨我們的罪，就能夠修補這個破口，認罪悔改就能夠帶來國家城市的轉化。歷代志下七章14 節：「這稱為我名下的子民，若是自卑、禱告，尋求我的面，轉離他們的惡行，我必從天上垂聽，赦免他們的罪，醫治他們的地。」

21

孤兒的靈

兒女是指有父母照顧養護的孩童，以及在法律上合法的繼子繼女，都是稱為兒女。兒女可以繼承父母的財產，在一個家庭當中是有地位有身分的成員。

孤兒是指失去父親和母親照養的孩童，父母雙亡、失蹤或遭父母遺棄等。因此，兒女在成長的過程裡被愛所充滿，在愛裡面被接納，活在一個充滿愛與接納當中成長，就有平靜安穩不與人爭競有安全感，可以知道自己是兒子女兒的身分。孤兒的靈卻是相反的，心中沒有安全感沒有自信心，溝通困難、很難建立或維繫關係，與別人容易爭競。孤兒和兒女最大的不同是孤兒缺乏安全感，心裡面有一個膽怯懼怕的靈，而這種膽怯的靈就是有孤兒的靈。孤兒的靈是一種從黑暗來的權勢，是一種錯誤和邪惡的信念。每個人的心中或多或少都有孤兒的靈。我們很容易落入這種孤兒的靈裡而不自知，奮力的追求自我肯定和世界的價值觀。

神要我面對自我形象

　　清晨夢見我與一位姐妹約碰面，但是約碰面的時間有些出入，所以碰到面時已過了約定的時間。後來我們走進一個地方，感覺像是在晚上，在一個像是學校的地方，遇到一位老師，夢中很清楚記得這位老師是在值班，也正在休息，所以我和這位姐妹就躡手躡腳的經過值班室。他發現我們的身影經過，我們就迅速往出去的方向離開，但後來他追趕出來尋找我們，發現我是他認識的人，就問我另一個身高比我矮小的人是誰？我回答他，她是我的朋友因有事先離開了。我問神這個夢要告訴我什麼？因為現實生活中這位姐妹比我高大，我是比較矮小的，怎會這樣問我呢？明明比我高大的身影，卻說是比我矮小，十分不解這個與實際情形相反的夢。反覆思想求問神，突然明白過來，神要我面對我的自我形象問題。我也深知自己的自我形象一直很不好，甚至有很明顯的自卑感以及缺乏自信。我常常落入這種負面的情緒裡和自我否定。感謝神，這個夢好像一面鏡子般，讓我看到自己的問題。神也幫助我調整看自己的眼光以及帶來很深的醫治和安

慰。原來我老是把別人看的比我高大比我強，總是覺得別人比我優秀，其實並不是我所認定的這樣。這些看似平常的自卑感，其實就是源自於孤兒的靈，很難自我肯定和自我接納。需要憑著一己之力爭取人的讚賞與世界的價值觀。

孤兒的靈和爭競的靈

另一個夢是我在一處清理打掃，但我一直注意有沒有人看到我，這麼認真賣力的在幫忙打掃。 這個夢也好像一面鏡子般，讓我看到裡面的自己，真實的感受和想法。神是這樣光照我，我的努力付出是期待被看到的，需要得到人的肯定與讚賞。歌羅西書三章 22-23 節：「你們做僕人的，要凡事聽從你們肉身的主人，不要只在眼前事奉，像是討人喜歡的，總要存心誠實敬畏主。無論做什麼，都要從心裡做，像是給主作的。」我裡面除了欠缺自我肯定的能力，還有一個爭競的靈，這些都是源自於孤兒的靈。我們每一個人或多或少有孤兒的靈和爭競的靈而不自知。我們喜歡比較，有一個致命性的自我優越感，爭先恐後深怕落後。有的人是外顯的，有的人是隱藏的。

曾經夢見小時候有一個同學，夢裡沒有特別什麼畫面，只是讓我想起這個小時候的同學，每次考完試都會問我各科的分數，喜歡跟我比較成績，做什麼事都喜歡比較，身上穿的衣服，所擁有的玩具，都喜歡拿來比一比。夢到這個同學讓我想起許多的事，我才進一步去思考，總是引起一些不必要的困擾，明明是最要好的同學，時間久了怎會變成敵對和爭競的對象呢？我的本意不想要這樣，卻造成這樣的困擾局面，殊不知是我背後孤兒的靈和爭競的靈在影響我，我向神禱告求神幫助我。

有一次，在一個禱告會中，我不由自主的，從腹中很深層的裡面一直震動，不停的震動，剛開始感覺像在大笑，後來感覺像在啜泣，肚腹不停的震動，不停的吐氣，我知道神很深的在醫治我裡面的自卑感和趕除我裡面孤兒的靈，聖靈在我裡面運行，把我裡面的穢氣都吐出來，不合神心意的魂結都吐出來，頓時感到無比的輕省，無形中被轄制不自由的靈離開我了。

除去懼怕在愛裡得以完全

我把自己再一次交託給神，奉獻給神，求神完

全掌管我，求神改變我錯誤的信念，不再落入比較爭競裡，倚靠神的大能，而不倚賴人的勢力才能，求神賜給我一個剛強仁愛謹守的心，而不是膽怯的心。被神的愛大大充滿，除去懼怕的心，在愛裡得以完全。聖經裡面的話語，帶著能力醫治恢復我的自我形象，感謝神除去我裡面孤兒的靈，不再有奴僕的心態，而是尊貴的兒女身分。

感謝讚美神，恢復我裡面從天上來的尊貴形象，屬天的價值觀，告訴自己是神所揀選的、神所喜悅的，我是神所愛的兒女，阿爸父神是何等的愛我，我是蒙恩寵的無價至寶，我可以完成神在我身上的呼召與命定、託付與計畫。感謝讚美我的神，我的心要稱謝祢，我的靈要晝夜向祢歡呼，「祢已將我的哀哭變為跳舞了，將我的麻衣脫去，為我穿上喜樂衣，耶和華是我永遠的榮耀。」（參詩篇三十篇 11-12 節）

22

沉睡的靈

沉睡的靈不是指睡覺，而是指在靈裡頭被黑暗的權勢所蒙蔽，也好像是一個人的生命中被一張黑暗的帕子籠罩，使得靈裡沒有分辨，靈性狀況昏沉灰暗、冷淡退後，對屬靈的事不能洞察，在教會生活上、福音行動上缺乏熱情和活力，心思意念遠離神，進而帶入靈性的死亡。*曾經夢到一個姐妹家裡有喪事，不知是家裡什麼人過世*。很快的在隔天碰到一群姐妹，其中有這位姐妹，我不敢多問什麼，大家一起聊天當中並無發現異樣，但最後這位姐妹聊到她的先生，因為在教會的服事上，在與人的關係上發生了困難與障礙，一段時間不來教會崇拜、不參加小組，甚至影響到小孩也不來教會了，姐妹感到沉重與無力感，請大家為他們禱告。弟兄是家中的權柄，當然個人的靈性狀況直接影響整個家庭。此時我才恍然大悟，夢中的喪事不是真的有人過世，而是指一個人的靈性死亡，弟兄的靈性陷入了消沉低迷中。

放下老我以善勝惡

曾經有位弟兄提出代禱事項，請求大家禱告，他的姐妹也好長一段時間不來教會了。因為姐妹向神求一件事，而神卻沒有按照姐妹所求的給她，反而把最不想要的事情給她。因而姐妹停留在負面與受傷的情緒裡，埋怨神、遠離神。也許我們真的不明白為何神要這樣做，不是我們求什麼，神就把最好的給我們嗎？聖經上不是這樣說嗎？豈不知神要給我們更深的功課，是要操練我們透過環境、事情來琢磨我們，我們卻使力的推開這個訓練，神的工作就無法展開。

愈是讓自己的負面情緒與憤怒停留，愈是放不下裡面的老我和己，就愈容易陷於肉體的罪性當中而出不來。此時，要選擇被罪制伏還是制伏罪？停留在負面被惡所勝還是脫離負面以善勝惡？靈魂的甦醒或是靈性的死亡決定在自己的心思意念。現今最大的戰場就是心思戰場，因此，要為我們自己的心思遠離神而悔改，求神赦免我們裡面頑梗悖逆的心，看重自己的需求過於神的旨意，貪圖自己的安舒，而不願意為神的國度捨己付上代價。為我們的

靈性陷入冷淡退後悔改，求神赦免我們。

揭開心中被蒙蔽的帕子

在我們的國家、城市、社會的大環境裡，甚至我們個人的生命中，也會陷入沉睡的光景、靈性的死亡中，可是我們並沒有察覺，許多的屬靈現象已經陷入沉睡的靈裡。因而，從國家到個人在某些層面或是某些事情上，也會籠罩在一個沉睡的靈當中。*夢見在一個行政工作場合中，好像是辦公室，坐在最裡面的主管竟然熟睡而傳出打鼾的聲音。*這個夢讓我意識到，一個十分忙碌的工作場合，每個人在工作壓力和績效的要求中，靈性狀況容易陷入沉睡當中而不自覺。也因為忙碌容易對神所在意的事忽略或忘記，甚至錯失神的時機，阻擋神的工作和計畫，靈裡無法辨識神的啟示。

也曾*夢到一種狀況，有一對夫妻來到我家，一直跟我講話，先生要離開了太太還一直跟我講個不停。而我卻躺在床上，似乎還在聽卻又睏的睡著了。太太發現我沒有在聽，也沒有回答，他們就走出門口，我突然醒過來追了出去。*這個夢好像讓我體會，在某些人或是某些事情、甚或某些族群，他們的需

要是不被看重和聽取的，甚至是忽略不想去解決的事。人的靈裡對於某些層面的事是漠不關心、冷淡退後的。可能也因覺得自己的能力、時間有限，不是自己可以解決的，也可能是覺得還有更重要得事情需要去做。殊不知，我的神是全能的神，我的神可以解決一切的問題，但我忽視神的全能。我竟專顧自己看重自己，把神所看重和人很深的需要，忽略忽視，完全推開了。這就是沉睡的帕子，籠罩在一個被蒙蔽的靈裡沒有分辨、沒有屬靈的洞察。我向神認罪悔改，讓自己停留在安舒、輕忽、軟弱退縮、昏沉的靈裡，求神赦免我輕忽的罪，揭開我心中被蒙蔽的帕子，讓我去看重神要我看重的事。

也曾經做一個夢，夢見我清晨起來，看到一片景象，好多人倒頭大睡在地上。我十分驚訝，仔細一看都是我認識的朋友們。當時見著夢中的景象令我深感難過。其實，許多人工作、服事十分忙碌，靈裡昏沉卻都不自知，對某些層面的事、某些人或某些族群是關閉沒有感動的。尤其是關乎神國度的事，關乎神所看重的事，神啟示的事，甚至是最小弟兄身上的需要。神對我這個人現在說什麼，對我的國家現在說什麼毫無洞察。求神幫助我，為我們

的國家、城市、社會以及我們所處的環境中所隱藏在靈界的狀態能夠敏銳察覺，以及我們個人生命不能突破的瓶頸，禱告求神光照啟示我，使我靈魂甦醒，不再陷於沉睡的光景中，不再讓死亡的權勢在我的生命當中存留，斷開一切沉睡的靈，不再陷入靈性的死亡而錯失了神的時機。求神幫助我們站在這個破口上，時時用禱告來祝福我們的國家。

第五部

信心的禱告

所以弟兄們，我以神
的慈悲勸你們，將身
體獻上，當作活祭，
是聖潔的，是神所喜
悅的；你們如此事奉
乃是理所當然的。不
要效法這個世界，只
要心意更新而變化，
叫你們察驗何為神的
善良、純全、可喜悅
的旨意。

～羅馬書
十二章 1-2 節

夢境告訴我的事

23
信心的禱告

羅馬書十二章1-2節：「所以，弟兄們，我以神的慈悲勸你們，將身體獻上，當作活祭，是聖潔的，是神所喜悅的；你們如此事奉乃是理所當然的。不要效法這個世界，只要心意更新而變化，叫你們察驗何為神的善良、純全、可喜悅的旨意。」神既是這樣憐恤我們，讓我們把自己當作活的祭物獻給神，神喜悅我們這樣的獻祭，是討神喜悅的。不要向這個世界看齊，完全讓神來改變我們的心思意念，更能夠明白神的良善與完全的旨意。

丟棄萬事，得著基督

　　我們在禱告時，常常會跟神說，我要將自己獻給祢，要把我的一生都獻給祢。而我不明白要怎麼做才是把自己當作活祭獻給神？直到我做了一個夢，讓我思想活祭是什麼？死的祭又是什麼？找到上面這段聖經，才明白真正獻祭的意義。在舊約中因為人得罪了神，百姓將動物作為祭物獻給神，用來止息神的忿怒，表示在神面前悔改，將自己的罪帶到神的面前，求神赦免人的罪愆，並且恢復與神的關係，得著神的赦免。在新約中我們不需要再獻上動物為祭物，因為耶穌已經成為那羔羊，為我們的罪死在十字架上流了寶血，耶穌的血洗淨我們的罪、塗抹我們的過犯，我們不需要再用動物為祭物，只要將自己當作活的祭牲獻給神。

　　因此，我們是否願意獻上自己當作活祭？是否願意放下全部的己？放下我喜愛的、渴望得到的一切？並且每一天都獻在祭壇上。我跟神說好難，我做不到、我一點也做不到。我仍然渴望獲得人的肯定與讚賞，我仍然想要擁有世上美好的事物，倍受看重的能力和恩賜，我仍然在乎我的自尊和面子。

想要擁有自己的地位、聲望和成就感，這些都要被神完全的破碎，在神的面前完全捨棄，始知自己是一無所有的，才能更深相信我們的神是統管萬有的神，神才是我的唯一，神才是至尊至榮的神。如果神定意要讓我失去這些，而我願意將這些我認為是美好的一切失去，不再擁有？也就是我們願不願意將我們的主權完完全全的交給神呢？我是否願意將萬事當作有損的？因我以認識主耶穌基督為至寶，我為祂已經丟棄萬事，看做糞土，為要得著基督。

放下憂慮，全然信靠

夢見我即將臨盆，肚子好大而且開始陣痛。等了一些時候又陣痛了，我自己告訴護士我陣痛了，她要我再忍耐一下。後來我又陣痛，我自己進去找醫生，醫生願意幫我接生，就準備躺在產檯上。我請醫生讓我先生可以進來為我禱告，我先生進來了，而且在旁邊禱告，我就生了。我還跟醫生說我之前是開刀生的，現在可以自然生產嗎？肚子會不會破？醫生表示自然生產沒問題。結果我看見生出來是一隻已殺好的鴨子，像是祭拜用的鴨子。可是

*醫生和我先生都是看到真正的小嬰孩，而且我感覺還在陣痛。*這個夢令人感到不解，為何醫生和我先生看到的是小嬰孩，而我卻看到自己生下一個祭拜的死鴨子？我禱告思想了好幾天後，突然明白過來，神光照我顯出我裡面的軟弱與罪性，深深的知道自己是一個沒有信心的人，有時候會被自己裡面的不信和懷疑抓住，我需要把這些不信和懷疑交出來，這些因素攔阻我跟神的關係，因為我常常擔心一些事情，害怕意外事故發生，常常擔心家人的健康狀況，害怕突如其來的災禍臨到我，我的外表卻讓人覺得我像是個有信心的人，一個很有生命的屬靈人。就像夢中的畫面，我先生和醫生看到一個有生命的嬰孩，卻只有我自己看見生下的是死鴨子。表示我是一個沒有信心的人，我獻給神的祭物是死的、不是活的，就是沒有信心的獻祭。

我在神的面前深深的悔改，承認我有軟弱、我的軟弱就是罪，承認裡面有一個不信，這個不信是不合神心意的，虧缺神的榮耀，我向神禱告求神赦免我的罪、憐憫我的軟弱，賜給我新的信心、新的眼光，不再恐懼害怕落入意外的災害裡。彼得前書

五章 7-8 節：「你們要將一切的憂慮卸給神，因為祂顧念你們。務要謹守，儆醒。因為你們的仇敵魔鬼，如同吼叫的獅子，遍地遊行，尋找可吞吃的人。你們要用堅固的信心抵擋他。」因此，我要更深的學習將我的憂慮卸給神，用信心來抵擋撒但的勢力，將我的擔憂煩惱、疾病疼痛，痛苦災禍和一切的困難，全然的交給神，因為祂必顧念我們。以賽亞書四十三章 2 節：「你從水中經過，我必與你同在；你遒過江河，水必不漫過你；你從火中行過，必不被燒，火焰也不著在你身上。」相信神必定使災禍急難遠離我，因為我心裡倚靠祂。並且願意將隱藏在我們最深的裡面、想要擁有的美好事物全部交給神吧！我們無法靠自己的能力承擔這一切的。

學習捨己，謙卑生命

有一個姐妹費盡苦心，好不容易經過幾年的努力考上公職，可是卻因為要決定是否到偏遠地方就職，和丈夫起了很大的衝突。丈夫不同意姐妹離家那麼遠去工作，通車太遠，住宿又無法顧及家庭和小孩，姐妹非常的苦惱，不知如何是好。我回答姐妹，敬重權柄和聽從丈夫的意見很重要，順服權柄

同等順服丈夫，順服丈夫同等順服神。我與姐妹分
享生活上許多事情，讓丈夫來作決定，姐妹很驚訝
我信了耶穌這麼多年，怎麼變得沒有自己的主見。
我表示不是這樣的，我有我的意見，也有更多屬於
我自己的想法和欲望，但是如果與丈夫的意見相左
時，放下我裡面自己想要的，學習捨棄、犧牲、沒
有自己，是我生命當中很重要的功課。

　　如果常常堅持己見，太多個人的欲望，以自己
的意見為意見，我的生命就無法卑微下來。反而是
我們的靈在神的國度當中，愈來愈沒有自己時，才
能顯出生命的卑微，如果裡面的自我意識大過我的
權柄，形成以我為中心的行為模式，就會搶奪丈夫
的權勢，當然就無法協調甚至引起衝突，此時就是
考驗我們是否願意捨棄自己想要得到的好工作？還
是聽從丈夫權柄的意見？我要做如此的犧牲與捨棄
而心中不作難嗎？這正是考驗著我是否願意將決定
事情的主權交給丈夫，選擇聽從丈夫的意見還是堅
持己見呢？

專一心志，討主喜悅

　　在夢中看見一個舞姿曼妙的舞者，正好隔天與

一位姐妹談到她小時候學過跳舞，長大後雖是學音樂，但是對舞蹈仍然有很大的興趣，而且朋友還送她很多舞鞋。此刻，我感到被很深的愛充滿著，激動著我的內心，而且在很深層的肚腹開始震動，突然間我熱淚盈眶，我感受到神在預備姐妹成為基督的新婦，並且用舞蹈的身體獻給神，敬拜神服事神，這是神在姐妹身上特別的呼召，也是神很特別

的預備。

　　姐妹從小學習音樂，也在音樂的恩賜領域裡面服事神，從來沒有想過在服事神的方向會有所改變，可是當我聽她分享，她如何在小時候也學過舞蹈，後來因為接觸到舞蹈領域的朋友，因此又開始習舞，雖然覺得自己的習舞並不是成熟階段，但是我感受到神很深的愛和心意顯明在姐妹身上。可是姐妹卻表示不可能。這麼多年音樂領域的服事怎麼會改變呢？因為我感受到神在擴張姐妹服事的領域，結合舞蹈與音樂，更寬廣的服事神奉獻給神。

　　因為我們的神說，**不要效法這個世界，只要心意更新而變化，叫你們察驗何為神的善良、純全、可喜悅的旨意。**也就是我們不要隨從世界的方式而行，我們的心意可以被神改變，我們的想法也會因著神的計畫而不一樣。雖然我們會覺得很驚訝、不可能，但是此刻我們要思想是否願意將自己獻給神，把自己當作活祭獻給神，透過舞動的身體來敬拜神，讓神的心意和計畫成就在個人身上。因此，更深的去思想，不管做什麼服事，都是做給主看的，就是要討主的喜悅，沒有任何想要自我表現的意念，而是預備自己在主的面前做一個討主喜悅的

人，專一的心志討主喜悅，用心靈和誠實敬拜神、獻給神，將身體獻上，當作活祭，是聖潔的，是神所喜悅的，你們如此事奉乃是理所當然的。

　　將一切的主權交給神，完全捨棄自己的主見，就是信心的表現，也是順服神的心志，更是蒙福的道路。相信神在我們每個人的身上都有祂的心意和計畫，我們需要更深切的把身體獻上當作活祭，讓神的旨意成就在我們的生命中。不管是逆境是順境，不管喜歡不喜歡，不問為甚麼，絕對的順服在神的帶領裡，才能使我們心意更新而變化，討神的喜悅，如此事奉乃是理所當然的。

24

在基督裡有
真平安

在我們的社會裡曾經爆發了許多令人恐慌、害怕的事。每一個事件的發生再透過媒體的報導,更加重心中的懼怕與恐慌。還有塑化劑、瘦肉精、地溝油、摻雜假油的食用沙拉油和橄欖油,也一再的危害我們的健康。許多的疾病、病毒的傳染也令人害怕。禽流感、新流感或是多年前的SARS 風暴以及最近的新冠病毒,都威脅我們的生命,毀壞我們的健康,使人陷入極深的恐懼中。

神入心中，懼怕除去

　　我們生活在神所創造的世界中，竟然心中充滿著懼怕。害怕災禍臨到，害怕感染疾病。身為基督徒的我們也會落入世人的害怕中嗎？是的。我曾經是這樣害怕過，甚至我認為我會因此死於這些災禍中而離開家人，我看見了自己內心裡的懼怕。牧師在講台上問，「你害怕災禍臨到嗎？你害怕傳染疾病嗎？請站起來我為你禱告。」我勇敢的站起來，求神幫助我脫離這個懼怕。尤其是多年前 SARS 風暴時，第一次經歷嚴重病毒感染的恐慌。除了做一些防範措施避免接觸等，心中的恐懼感一直揮之不去。尤其當時三個孩子還年幼，抵抗力較弱時，更是每天心驚膽戰。

　　直到有一天做了一個夢，從夢裡看見自己軟弱的信心，我向神認罪悔改承認我的小信，求主幫助我除去心中隱藏的黑暗。我*夢見行走在一個很大的水田走道中，看見水田裡有群巨大的魚從前方向我游來。此刻我心想一定會被吞吃，因為四下無人且只有我這個目標物，巨大的魚一定可以輕易的將我吞沒。就在這個時候，我看見走道旁立著一個告示*

牌，從字跡顯示告示牌是我自己寫的，上面寫著我已經被大魚吞吃了。但是並沒有看到自己被吞吃的畫面或感受，而我只是看到自己寫的告示牌。我知道這個夢一定是神要告訴我什麼，但一下子也不太清楚。

過幾天後，正好我們全家開車經由北宜公路前往宜蘭遊玩，快到礁溪下坡路段往外海看過去，整個蘭陽平原外海的龜山島，平原中有多處水田，這個景象令我十分驚訝，與夢中水田裡大魚游向我的方向和角度一模一樣，而且龜山島的形狀就像大魚一樣，如同游出水面正要吞吃我的樣子。是這個畫面提醒我去思考這個夢到底是什麼意思呢？我想了兩天明白過來，這龜山島的形狀就像巨大的魚一樣，像是當時 SARS 風暴勢力正大大的朝向我來，心中懼怕來勢洶洶的局勢就要擊潰我一般。但仔細想想我並沒有被吞吃啊！只是自己寫了告示牌，意思是我早就做好戰敗的心理準備，已經被嚇倒了！

透過夢中的畫面和親眼看到海面上龜山島的形狀，而且角度和形狀都一樣，印證了神的啟示就像一道光直入我心中的黑暗，身為神的兒女還需為這世上的災禍懼怕嗎？箴言一章 32-33 節：「愚昧人

背道，必殺己身；愚頑人安逸，必害己命。惟有聽從我的，必安然居住，得享安靜，不怕災禍。」這句話是何等寶貴啊！神的話語深入我的心中，把我裡面的懼怕都除去了。

詩篇九十一篇1節：「住在至高者隱密處的，必住在全能者的蔭下。」九十一篇5-7節：「你必不怕黑夜的驚駭，或是白日飛的箭，也不怕黑夜行的瘟疫，或是午間滅人的毒病。雖有千人仆倒在你旁邊，萬人仆倒在你右邊，這災卻不得鄰近你。」因此，我要選擇住在至高者的隱密處，我還懼誰呢？住在全能者的蔭下，我還怕甚麼呢？我要脫離愚昧與無知，聽從神的話語與命令，必安然居住，得享安靜，不怕任何災禍臨到。感謝讚美主，我克服了對疾病災禍的恐懼害怕。因此，經歷了一些事情，但我心中仍充滿著神的平安。

化咒詛為祝福的神

女兒在小二時生病發燒，像往常一樣看病吃藥。幾天後突然高燒不退，緊急送往醫院檢查，結果醫生說是一種罕見的法定傳染病—猩紅熱。所以院方十分謹慎，馬上做一些特別的治療及隔離措

施。住院治療幾天中，只有第一天送到醫院時發燒及一些明顯的症狀外，住院後都在控制中，症狀一直在減輕。這是非常感恩的事，更感恩的是女兒在醫院的幾天中，我們請公婆照顧另兩個孩子，我們夫妻倆專心照顧陪伴女兒，我們十分享受彼此之間美好的相處，女兒心中的愛情槽被滿足了。她覺得那幾天好快樂，好享受我們的陪伴。我們的神是化咒詛為祝福的神。當我們心中被神的愛及平安充滿時，何需再懼怕災禍與疾病呢？

有一次身體不舒服，經檢查發現子宮有肌瘤，且位置會影響健康，要馬上安排手術開刀，心中有點擔心，因為我的身體會對麻醉藥產生副作用。所以我求問神，是否要去開刀？會不會有什麼危險？神在隔天讓我做一個夢，*我夢見我走在一個長廊，長廊右邊是一排窗戶，而窗戶旁有一根朱紅色線垂下來*。我明白神在告訴我，我已經有得救的記號了，那我還要擔心什麼嗎？於是我就接受手術。手術當天，醫院裡經過的走廊，就是夢中看見的長廊，窗戶透著光線進來。知道神已經應允我，我會得醫治的。

女兒升上國中時新流感大肆流行，女兒又被傳

染，學校通知要居家隔離五天。這次我們心中仍然充滿平安，在家隔離陪她休息、看書、聽詩歌。病很快好起來回到學校上課。信心能讓神封住獅子的口，使大火都失去毀滅力量。求神救我們脫離凶惡、危險、急難，使我們不被世界的恐慌局勢吞吃，好叫我們能夠住在基督的真平安裡。

第六部

關於我自己

當將你的事交託耶和
華，並倚靠他，他就
必成全。
～詩篇三十七篇5節

25

我愛我的家人

我最想跟家人講的一句話就是:「我好愛你們」。在我結婚一年多後,還在適應婆家的生活,爸爸突然過世,家中每個人都陷入極大的悲慟與哀傷中,隔了四年媽媽也因病離世。結婚幾年內頓失疼愛我的爸爸媽媽,萬萬沒有想到,再也無法對爸爸媽媽說出心中最想要說的一句話:「我好愛你們」。

在我的原生家庭中,我排行老三。上面有個聰明又會讀書的哥哥,哥哥只要把書讀好,甚麼事都不用做,姐姐在三歲時就得了小兒麻痺行動不方便,弟弟也很會念書幾乎什麼事也不用做。所以幫忙爸媽分擔家事便成了我一個人的責任,心中難免有所抱怨,但是記憶中大部分還是爸媽對我的疼愛與信任。雖然常需要做許多苦差事,過年過節都要幫媽媽在廚房做菜、打掃做家事,也常去爸爸公司幫忙打掃、洗窗戶、拔雜草。但是現在回想起來,

陪在爸媽身邊做事，成為我記憶中和他們相處在一起的美好時光。

我的爸媽

雖然小時候在家中，因我的排行容易被忽略，但是在心中仍然可以感受到爸媽對我的疼愛。尤其在我讀高中的三年，哥哥北上念大學，姐姐住校讀商專，弟弟也外宿讀高中。那三年是我這一生中，受到爸媽最多照顧與疼愛的時期。媽媽每天都會問我明天想吃什麼，便當想帶什麼菜，爸爸則是五點多就起床騎摩托車載我去搭公車上學。高中那三年彌補了我心中總被忽略的空缺。

記得有一次在台北念書時，放寒假回家，正逢爸爸公司到阿里山旅遊看日出，學攝影的我就一起跟著爸爸和同事們乘車前往，到了目的地已經是人山人海，個頭不高的我拿著相機準備要拍照，鏡頭裡卻只看到滿滿的人頭，這時爸爸二話不說，馬上把我這二十歲的女兒背了起來，讓我可以拍到日出美景。想到這一幕，心中不禁對爸爸存著更深的愛與思念。

經歷神蹟

結婚前三年，我在台北的教會信主受洗成為基督徒。爸媽很尊重我的信仰，沒有反對，我也從那時開始一直為家人信主禱告。爸爸過世前半年因病住院，我請南投教會的牧師來為爸爸禱告，印象深刻的是牧師為爸爸禱告時，爸爸躺在床上，牧師跪下來要為爸爸禱告，爸爸很感動要求起身一起跪下禱告，牧師立刻帶爸爸做決志禱告，爸爸也點頭表示願意相信耶穌。但是後來信心軟弱又跟著媽媽回去拜拜了。

爸爸曾經在生病的那段期間，來台北看醫生，於是我帶著他到台北的教會，請牧師為他禱告，週日和我們一起去教會。那段時間有一個晚上，**爸爸夢見耶穌拿著一碗血叫他喝下去**。他不明白是什麼意思，我就告訴他這是耶穌為他流的寶血，要洗淨他的罪。對於一輩子都在拜拜的他，可能很難理解耶穌寶血這件事。但在夢中他經歷了神蹟，也就是神已經拯救他了！

後來在爸爸突然過世時，除了悲傷之外，我心中有著極大的疑問，爸爸到底有沒有得救？我一直

禱告問神這件事，希望可以得到答案。感謝神，爸爸過世三個月後，*我夢見神差派一位使者來告訴我不要再傷心了，也叫我告訴媽媽不要再傷心了，爸爸現在住在神光明的殿中，充滿了光亮的殿堂。*我相信這個景象就是在天上的家。我非常確定這個聲音是出於神的，因我裡面有極大的平安。後來我也在*夢中看到爸爸，我抱住他，問他過得好不好，我也清楚的聽見他回答我，他過得很好。*感謝神恩待我給我明確的答案，也感謝神恩待我的父親在天上過著美好無比的生活。

救恩臨到

父親回天家又過了四年之後，媽媽突然檢查出癌症末期，我們全家再次陷入悲傷，因為這次我們兄弟姐妹十分清楚，媽媽已經沒有治療的機會了。某天清晨，還沒信主的弟弟開口說，媽媽已經愈來愈嚴重，要不要請牧師來為媽媽施洗？我趕緊打電話請教會的牧師來為她施洗。媽媽意識很清楚地點頭同意牧師為她施洗，心裡相信並且口裡承認耶穌是她的救主。受洗完兩三天，*媽媽夢見有一大座清泉瀑布，要洗淨她的肺，她感到很舒暢。*我告訴她

這清泉瀑布是耶穌要來洗淨醫治她的身體，因為她接受了耶穌成為她的救主。過了幾天她就被主接回天家了。

後來，我也在夢中看到媽媽，*我夢見要去看媽媽的路途中經過一些很特別的地方，有清澈的溪流、小橋、很美的樹蔭，樹叢中透著光芒，照進溪流裡。到了媽媽的住處，我敲敲門，媽媽來開門，我問她在等我來的時候，她在做什麼？她回答我，她在聽講道。而且她告訴我是教會牧師的講道。*

這個夢我很清楚知道媽媽住在耶穌那裡，而且在天上聽著講道。感謝神垂聽我的禱告。我雖然行過死蔭的幽谷也不怕遭害，因為祢與我同在，祢的杖祢的竿都安慰我。仇敵不能因為疾病、死亡而擊倒我的信心，我的心仍然要堅定的相信神，必要拯救我的家人。我雖經歷兩次失去至親的傷痛，神仍然憐憫施慈愛於我，救恩臨到我的家人，透過夢境醫治我心中的傷慟與遺憾，讓我對永生神有著極大的盼望，將來必會在天上與愛我的爸爸媽媽再相見。

我的姐姐

　　我有一個姐姐，比我大兩歲，從有記憶以來，她就得了小兒麻痺，行動不方便。爸爸為了讓我可以時刻照顧她，安排她晚讀一年等我一起上小學。所以我們從小學六年到國中三年，加上學齡前六年總共十五年，幾乎天天生活在一起，一起吃飯、睡覺一起蓋一床棉被，睡同一張床。因此，我們有共同的朋友、同學，共同的生活圈。一直到國中畢業後，她去讀五專住校，我讀高中，我們才分開。

　　姐姐雖然行動不方便，但從小在生活上她就能

夠自理一切，我們也一直把她當成一個正常人，所以在個性上，她也能夠自然發展，反倒比我活潑開朗、隨和。長大後，我來到台北讀書、工作，結婚生子。而她一直待在南投的家中，在家開辦英文家教班，教了一、二十年之久。後來爸媽相繼過世，哥哥辭去台北的教職工作，全家人搬回南投，照顧姐姐和她生活在一起。我們夫妻和三個小孩也時常回去南投，探望家人和姐姐。

異夢的提醒

因從小和姐姐生活在一起，並且照顧她，所以我們姐妹倆感情一直十分深厚，在關係上也相當信任。突然有一天，我做了一個夢，**夢見一個使者來告訴我，我跟姐姐是雙胞胎**。我在夢中也非常驚訝，怎麼我跟她會是雙胞胎？醒來後我想了許久，不明白什麼意思？明明姐姐比我大一兩歲，為什麼神要這樣告訴我，最後終於明白過來，神的意思是我們兩姐妹的關係不僅僅是親姐妹，而且像雙胞胎一樣分不開切不斷的。我明白了神的心意，而且讓我深信神要這麼強調這無形的親密關係，一定有祂的特別用意。

曾經做一個夢，**夢見姐姐在我台北家中的廚房，被火燒著了**。當時她人在南投，我沒有立即告訴她這個夢，只是為她禱告。隔了一兩週後，她剛好有事北上，藉機帶她去動物園玩，結果她不慎在洗手間滑倒，我在外面等好久她都沒出現，跑進洗手間後，才發現她滑倒在地上，趕緊扶她起來。因此，我忽然想到這個夢，她並沒有真正被火燒著，但是她整個人跌在濕滑的地上，我又在遠處，聲音是叫不到我的，感覺這個夢是她當時焦急的心情，像被火燒著一樣。神透過這個夢教導我，當夢見有一些狀況出現時，最要緊的是為當事人禱告求平安。

還有一個夢，**夢見姐姐在好幾條馬路上，不知是被什麼騙了，還是被人騙了什麼東西**，隔天打電話給她，我還沒問什麼，她就告訴我前一天和朋友開車外出，到了某地辦完事要回程，竟然繞了兩三次，還找不到回家的路。原來事情是這樣，她被路騙了，所以是迷路了。同樣的，神要我為姐姐禱告，為她的平安禱告。感謝神，神保守救她脫離一切的危險和傷害。以賽亞書二十六章 3 節：「堅心倚賴祢的，祢必保守他十分平安，因為他倚靠祢。」

順服神帶領

　　幾年前，曾因做家事過度使用兩手，導致拇指的根部發炎，幾經休息後，仍未好轉，只好去醫院做治療，除了需要一段時間做復健以外，醫生另外訂製一副支架，做家事時要帶著，避免再次過度使用發炎的姆指。當天從醫院回來，心情十分沮喪難過，為甚麼我的手變成這樣？像殘廢一樣行動不方便，並且做起事來十分疼痛，到半夜都無法入眠。

　　隔天做了一個印象深刻的夢，**夢見姐姐那雙軟弱無力的腳**。小時候睡在一起，寒冷的冬天都會碰到她那雙冷冰冰的腳，很不舒服的感覺。而今卻夢到這雙腳，當我突然明白過來時，我難過得哭了起來，覺得自己太不應該了。想到姐姐從三歲就不能走路，而且每天都要穿著好幾公斤重的鐵鞋，不管去哪裡都要拖著這雙笨重的鐵鞋還有兩隻拐杖。今天我只是暫時需要休息，帶著塑膠支架，我就陷入自憐和沮喪裡。想到這裡不禁向神悔改，我不應該有這樣的想法，求神幫助我調整自己的心態，用積極正面的想法來面對，脫離負面沮喪的心情，完全交託給神，安靜休息順服神的帶領，讓疼痛漸漸的

離開我。

我的哥哥嫂嫂

爸媽相繼過世後，行動不方便的姐姐一個人住在南投的家裡，哥哥嫂嫂不放心姐姐一個人生活，於是哥哥把在台北的教書工作辭掉，全家帶著孩子一起搬回南投和姐姐同住。然後再考取中部學校任教，知道哥哥嫂嫂出於愛，不放心行動不便的姐姐一個人孤單生活，因此就這樣住在一起生活了好幾年。但是日子久了，發現嫂嫂和姐姐的關係就像婆媳一樣，觀念和生活習慣差距很大，產生很大的鴻溝，關係就愈加的疏遠。而我這個嫁出去的女兒，很難從中協調，那一段時間我自己也陷入很為難的局面，我求問神該怎麼辦？最後神也透過夢境帶我離開這個痛苦的困境。好奇妙的神，讓*我夢到，我回南投家看到我爸爸，也看到我媽媽，可是爸爸的臉變成哥哥的臉，嫂嫂的臉也變成媽媽的臉。*

愛與饒恕

我明白了神的心意。神在告訴我，長兄如父，長嫂如母。神調整我的心態，用一顆感恩的心去看

待他們，感謝他們為這個家所付出的一切辛勞，養育四個孩子長大，照顧陪伴姐姐，而他們也慢慢的感受到我的改變和誠意，因著我開始向兄嫂及姐姐表達關愛之情，家人的相處模式也因此開始轉變，於是姐姐與哥哥嫂嫂恢復良好的關係，而姐姐和嫂嫂的關係像是姐妹一樣可以話家常。

感謝讚美神，再一次幫助我能夠用一顆全新的心去愛我的家人。若是沒有神的愛與饒恕的恩典，我無法靠著自己有這樣的改變。唯有神，祂是賜給我力量的神，賜給我勇敢的神，感謝神賜於我家人一切奇妙的恩典，相信總有一天，神必定拯救我的家人，一個也不失落，因為凡是呼求主聖名的，我和我家都必得救。讓全家人都來信靠這位至高的真神主耶穌，相信全能的主是我們唯一的拯救。

我的弟弟

我有一個弟弟，學土木工程，大學畢業以後，在苗栗的營造公司上班多年。後來公司營運不佳，結束營業，因父母都過世了，他索性就長住在苗栗，不太回南投家。好幾年都找不到合適的工作，剛開始身體還好，有適當的運動，生活起居正常，我也

就不太擔心他。每當我們全家要回南投，都會先經過苗栗去看他並一起用餐。突然有一次我們去看他時，他告訴我，幾天前的除夕夜，一個人在醫院急診室度過了一個晚上，弄清楚後才明白，原來是在除夕夜當晚突然一陣天旋地轉，很嚴重的暈眩嘔吐，只好叫救護車送往醫院，幾經檢查才發現是梅尼爾氏症，就是一種暈眩症。當時聽了以後差點掉下眼淚，本來都不用替他擔心，現在反而最替他擔心而且焦慮。不知道他日後要怎麼辦？一個人生活，沒有人可以互相照應，現在又突然發

現有這個致命的疾病，不知道什麼時候會再突然發作。頓時我陷入焦慮害怕裡，不知道哪天又要失去親愛的家人。我跟神禱告，求神看顧保護他，並且

求神幫助我不要為弟弟擔心害怕。

神顧念保守

　　直到有一天，做了一個夢，**夢見我住家門口到院子外面的門內，有一條清澈的水流經過。**我問神這條清澈的水流代表什麼？在我的住家門口，又在我的院子門內，神似乎告訴我，這就是我弟弟。弟弟是我的家人，可是又不是我和先生組合的家人，所以是在住家門外院子門內，而這條清澈的水流就是代表神會保守他的身體健康，明白神的心意以後，我好感恩，好感謝神，祂依然顧念我的家人，神應許保守他的平安。

　　因這次的意外事件，去苗栗看他時就會勸他搬回南投家裡，可是弟弟不願意改變，覺得已經在苗栗住這麼多年了，生性內向的弟弟習慣這邊的環境，和一個人的生活方式，他怕麻煩家人或吵到家人，所以不願意搬回南投。我只有向神禱告，求神親自改變他的想法。

夢境成真

　　後來我做了一個很重要的夢，一直存記在心

中。*夢見我和先生開車去苗栗找他，到了住處他已經叫好搬家公司的貨車，而且把行李整理好，一次就可以全部載走，我心想他的動作真快。出發前我還交代司機紅綠燈要等我們，免得我們跟不上貨車。*這個夢很清楚的知道弟弟總有一天會搬回去，只是一時之間，還沒出現可以改變他的跡象。

過了半年多，弟弟因感冒吃止痛消炎藥，導致胃發炎需要照胃鏡，這時他說想到台北的醫院做檢查，就在那天陪他照胃鏡時，我沒有放棄勸他搬回南投，這時他居然點頭答應搬回南投，畢竟南投是他倍感親切的家鄉，就在那一年的六月一日搬回去了。本以為東西不多自己開車就可以，結果沒想到弟弟覺得東西太多，於是臨時叫了小貨車，我才驚覺和半年前夢中的情形一模一樣，而且我真的請貨車司機開慢點，我們夫妻倆就跟著貨車開回南投。這件事終於塵埃落定，我好像吃了一顆定心丸，明白神的心意是何等的恩典，得著神的啟示是何等的輕省。我不禁再一次獻上我的感恩和讚美，我們的神化咒詛為祝福，是有恩典、有慈愛、有憐憫的神，祂關乎我的事，更了解我心裡的感受，我求告祂，祂就應允我，我們的神真是奇妙，成就這一切美好

的事。詩篇三十七篇 5 節：「當將你的事交託耶和華，並倚靠祂，祂就必成全。」

我的公婆

八十幾歲的公公婆婆，一向身體健康，兩人互相照顧生活在一起，平日也喜愛運動爬山散步。婆婆在幾年前和我們一同去教會，在台語團契中與年長姐妹們建立了美好的關係。婆婆也願意接受耶穌成為個人的救主，受洗歸入主名，而公公仍然在傳統的信仰中。由於婆婆已是基督徒，所以我們每週回去看公婆時，常和婆婆一起禱告，向神求平安，求健康。同時也邀請公公和我們一起禱告，剛開始公公覺得我們信我們的就好了，不要把他拉進來信。但我們依然會在每週離開前一起為公婆的身體健康禱告。漸漸的他開始習慣有我們為他禱告，最後還主動要我們為他的身體健康禱告。這是婆婆信主以後，公公有很大的改變。

永恆天家

但是，在一個平常的日子中，婆婆突然打電話說公公身體不舒服，要我們回去帶他老人家去看醫

生。回到家發現公公已經因為心臟衰竭而驟然離世，頓時我們與家人陷入極大的傷痛。在公公過世幾天後，我夢見公公來叫我，說要找孫子們去看他的新房子。在夢中覺得很奇怪，他老人家什麼時候買新房子，我怎麼不知道。醒來後才想到他已經離開我們了。忽然驚覺，原來他是來告訴我，他已經住在天上永恆的新家，相信他在耶穌那裡美好的無比。

後來我又夢見，我去一棟大樓，走出電梯，我向人詢問要找我公公，旁人告訴我，往前走再轉過去，就會看到我公公的辦公室。看見公公是部門主管，正在管理許多的事物。我好驚訝，公公在天上盡心盡力的服事神。這些夢讓我告訴婆婆，我們不再悲傷，不要再哭泣流淚，將來我們也要回到天上美麗的家，我們要相約在主裡，再相見。感謝讚美主，祂總是以永遠的慈愛來愛我們和我們的家人。

26

千萬分之一的機率

我和先生結婚兩三年後，準備要懷孕生子，才突然發現怎麼都無法懷孕。完全沒有想到，我也在不孕症的行列中，辛苦的看門診做檢查，忍受在檢查和治療過程中所有的疼痛和無奈的等待。當時還在電腦公司上班，在技術文件部擔任美術設計一職，工作壓力很大，常常在下班前，還有好幾家印刷廠等著我的稿要送印，長時間在這樣的環境中結束一天的工作。加上家人的期待，朋友的眼光，無形中帶給自己莫大的壓力和痛苦。

等候神必不至羞愧

於是請教會弟兄姐妹為我們禱告，這時有一位姐妹與我聯絡，告訴我教會有一個特會，外國牧師專為不孕症的人禱告。於是隔天晚上去參加這個特

會，牧師講完信息開始呼召不孕症的人到台前去接受禱告，一開始都沒有人往前走，而我是第一個帶著迫切的心和微微顫抖的腳走到台前去接受禱告的。後來漸漸地有一排人走到台前，我一直閉著眼睛不敢張開，不知道會發生什麼事，結果感覺有一股力量把我擊倒在地上，此時我突然無法控制地大哭起來，而且哭到無法停止，已經不能控制我的聲量或姿勢，就這樣倒在地上大聲哭泣了近半小時，我的意識清楚，但腦中的記憶，突然回到高中時考大學的痛苦壓力中，我好像把多年積壓在心中考模擬考的痛苦大聲哭出來。我尋求的是不孕症得醫治，神反倒釋放了我積壓在心中面對大學聯考的痛苦壓力。

之後我沒有馬上懷孕，**自己卻做了一個夢：在一個半夜夢到有一位使者來告訴我說，我懷孕了。**我好驚訝，夢中我也聽得很清楚這個令人興奮的消息。在這過程當中，神告訴我，等候耶和華的必不至羞愧。因此，我很清楚我會懷孕，只是神會在什麼時候成就這件奇妙的事就不知道了。我很清楚神在訓練我要等候祂的作為，等候神必不至羞愧，等候耶和華必重新得力。但在等候的過程中，所承受

很多的壓力和痛苦是無法用言語形容的。

　　這期間我也做了很多不孕症的檢查，才發現我的子宮是雙角子宮，不至於不孕，但會比較不易受孕著床，輸卵管一邊不通，受孕機率較低。於是我下定決心，把工作辭掉，全時間配合醫生的建議，住院做腹腔鏡檢查。這時候我也請教會牧長、弟兄姐妹為我禱告，我心裡好感動，也好感恩，在神的家裡我的需要和困難是可以在愛中被禱告紀念的。

安慰、快樂、滿足

　　就在住院做手術檢查的前幾天發現，我已經懷孕了，醫生告訴我，這次的受孕是奇蹟，是千萬分之一的機率，對我來說就是神蹟。在住院前所做的檢查報告，知道這次受孕是在不通的輸卵管排的卵泡，醫生描述所排的卵是被有通的輸卵管吸過去，輸送到子宮而著床受孕成功。當醫生這樣告訴我時，我一點都不覺得驚訝。我深信全能的神必定成就一切超乎所求所想的。感謝神格外的恩典眷顧我的軟弱，應允了我所求告的，我心裡很清楚，是神為我做的。祂是信實的主，祂應允我的事必定成就，我只要耐心等候祂並觀看祂的作為。

就這樣神為我打開了祝福的管道，接二連三的生了三個寶貝，有一天與朋友分享這份幸福的滿足感，發現老大正對著老二說：妹妹，媽媽說我是安慰，你是快樂，弟弟是滿足。頓時感受到神透過三四歲的女兒告訴我，三個孩子就是神在我生命中寫下安慰、快樂、滿足三個祝福。這是我一生中最美的祝福。詩篇一一三篇9節：「祂使不能生育的婦人安居家中，為多子的樂母。你們要讚美耶和華！」

27

爸爸的愛
天父的心

在我成長的記憶中，大人們總是忙著工作，小孩都在家裡玩耍嬉鬧，也常會去田裡遊玩，印象最深刻的就是期待爸爸在睡前講故事給我們聽。爸爸是受日本教育的，所以有一本厚厚黃黃的日文故事書，他總是翻閱這本故事書唸給我們聽，有時候講到小偷來了，爸爸會學小偷躡手躡腳的動作，讓我聽的好緊張躲進被窩裡。

寬容與慈愛

爸爸還會用餅乾鐵盒子打洞內裝燈泡，讓我們可以躲在被窩內取暖，好像現代的暖被機一樣。記得五六歲時，聽說街上有爆米花好熱鬧，沒看過現場爆米花的我，吵著要出去看，但是我正好生病發燒，媽媽不讓我出去，爸爸為了不讓我失望，很有耐心的幫我穿厚衣服、戴帽子、圍圍巾戴口罩，然後牽著我到街上去看爆米花。這些是令人懷念的兒時記趣，更是充滿著爸爸對我們小孩的愛。

小時候是住在台中南屯的老家，後面有一片稻田，稻田有時播種，有時收割。播種時，要犁田、灌溉、插秧，農夫會引進水源直到水滿為止。水滿尚未播種時，就像一片水田。在春天播種時會有蝌蚪生長在水田裡，所以爸爸會帶著我們小孩撩起褲管，踩進水田抓蝌蚪，或是等到插秧後，蝌蚪變成了青蛙，爸爸會用竹竿綁著繩子還有蚯蚓，提著布袋帶我們小孩去釣青蛙。這是鄉下小孩在這個季節裡最好玩的事情，也是爸爸陪伴我們童年成長中一段美好又幸福的回憶。爸爸對我們的愛就像天父一樣，陪伴呵護、寬容與慈愛。

剛硬的心田

　　有一天*我夢見我來到這個老家後面，有爸爸在一旁，我在找雨鞋雨衣，手裡拿著竹竿、布袋，準備要去田裡撈蝌蚪，田裡有滿滿的蝌蚪游來游去，好像快下大雨似的，我好興奮好期待的到田裡去撈蝌蚪。後來看見這水田怎麼突然間變成一片乾田，淺白色的乾地，有高有低。本來有水的田是深色的，犁平的田加上灌溉的水，就變成深色的水田，而這片田突然變成淺白色高高低低的乾地。而且發現田的土裡隱藏著一條淺白色的蛇，蛇正在這片淺白色的土中翻動。在夢中看見這景象，十分驚恐害怕不知如何是好。夢裡的畫面很真實的看見隱藏在土中翻動的蛇，我百思不解，這個夢到底要告訴我什麼？這個印象深刻的畫面，我禱告思想了許久，仍然不明白。後來有一位友人打電話來詢問一些事情，我順道聊起這個奇怪的夢，他回答我，田就是心田，也就是代表人的心。這時我恍然大悟，明白過來這個夢在講人的心。*

　　人的心被愛充滿的時候，就充滿了一片生機蓬勃的景象，進而帶出許多的新生命。就像一個人信

主了，接受耶穌基督成為他的救主，被神的愛充滿時，燃起生命的動力，積極向人傳福音，帶出更多的新生命。新生命的成長經過開墾、播種、灌溉、收割才有豐富的收穫，這是在人的心充滿了愛與盼望時。一旦失去了愛，失去了盼望，也就失去了耕種的動力，甚至荒廢了田地，肥沃的水田即刻變成枯乾的荒地，無法再有收成。加上遇見試探的蛇，好像隱藏的惡存在人的內心，柔軟的心田就變成剛硬的石心。也就是我們人遠離了神，不能敏銳察覺屬靈的事，隨從世界偏行己意，愛神愛人的心就不在我們裡面了。

天上的父親，也是為父的心，看到人心落入慘白的剛硬中，祂的心是何等憂傷。創世記六章 5 節：「耶和華見人在地上罪惡很大，終日所思想的盡是惡，耶和華就後悔造人在地上，心中憂傷。」從創世記以來，亞當夏娃吃了善惡樹的果子，至今社會道德混亂，人心陷入罪惡的敗壞中，創世記六章 11 節：「世界在神面前敗壞，地上滿了強暴。神觀看世界，見是敗壞了；凡有血氣的人在地上都敗壞了行為。」神為自己所造的人類，在地上敗壞了行為，心中滿了憂傷。天父的心也就是為父的心，為祂的

兒女感到憂傷痛悔，傷心難過。

驕傲的阻隔

　　夢見我們全家人，在一個感覺蠻陌生的大戶人家，住宿一個晚上後準備要離開，隨後跟著一位大戶人家的人，我記得他是誰，但因不熟悉又不太確定，所以我就問他叫什麼名字，他回答我，他真正的名字叫戴奧辛。夢醒時深感驚訝，戴奧辛怎麼會是這個大戶人家裡的人，十分困惑令人不解。經過查詢後才明白確認，戴奧辛是一種塑膠經過燃燒後釋放出來的毒氣，是無色無味且毒性相當強的脂溶性化學物質，又稱為世紀之毒。想了好幾天仍然不明白，這個大戶人家的人為何名叫戴奧辛。後來嘗試用字面上的音來解釋，「帶著驕傲的心」是最可以解釋的，我突然明白過來，大戶人家就像我們所處的大環境中，走出來的這人說他真正的名字叫戴奧辛。

　　地上罪惡的根源是在隱而未現的人心中，天父的心再一次為著人的心是戴奧辛而感到憂傷。驕傲帶來關係上的疏遠與不信任，一切的苦毒、自以為義都源於驕傲的毒氣。我們繼承了亞當的原罪，每

個人都帶著驕傲的根源而成長，因此我們裡面的驕傲會得罪人也會被得罪，造成傷害人也被傷害。在這種互相傷害的循環中，人的愛心漸漸冷淡，無法相信神赦罪的恩典，就無法恢復起初的愛心。而受創的記憶會很深的影響我們對神的認識，也會不自覺的影響我們對天父的看法，困惑和遲疑。因此，人的心—戴奧辛，帶著驕傲的心，因著驕傲、隔閡與受創的心，就無法更深認識神是一位慈愛的天父，祂是一位值得愛、值得信任的天父。

因著在生命中經歷過痛苦和失敗，與人的相處和磨合碰撞中才發現更多認識驕傲的屬性，自己的驕傲和別人的驕傲。人與人之間的關係、衝突或分裂，尤其是開始產生互相敵對時，總是不知道自己的錯，不能接受他人的軟弱和過錯，完美主義的責難他人，也苛求自己、批評論斷，以致於帶來剛硬、傲慢與自滿。

驕傲的後果

曾經*夢到有一個姐妹，把自己裝進大皮箱內，伸出一隻手把別人的一件黑衣服丟出來，而且大皮箱是放置在快速道路的天橋上。*當時這個夢也想了

很久，不明白是什麼意思。後來從周遭遇到的事情，體會出這就是人的心，驕傲的心態，躲在皮箱內就像關閉自己的思想意念，只伸出手專門指出人的罪行和黑暗的一面，顯出這樣的心態是高度危險的，看不到自己處於高危險的地方，若是掉到快速道路中悲慘的後果可想而知的。這就是驕傲的危險性，通常我們很少警覺到驕傲就是把自己放置在危險的高處，阻礙我們從神來的洞察，失去屬神慈愛寬容又有智慧的判斷。

驕傲的心使人拒絕面對自己的罪和軟弱，無法相信救恩，更無法領受從神來的慈悲與憐憫。若是有一顆溫柔謙卑受教的心，使我們獲得醫治和恢復，反而會因此獲得尊重和坦承相待。然而，天父的心、為父的心腸，是何等的迫切等待他的兒女悔改歸向祂。

在浪子回頭的故事中，兒子帶著家產在外地揮霍殆盡，使父親傷心失望，等待不知何時才會回頭的兒子。浪子在外吃盡苦頭、耗盡錢財，想要回到家鄉尋找父親，並做父親的雇工就好，沒想到父親不計前嫌的等待兒子，並且展開雙臂歡喜兒子的歸來。浪子落淚痛悔，請求父親的饒恕和接納。

然而，我們的神乃是慈父，只要我們承認自己的驕傲和自私的罪行，並且在神的面前承認我們的過犯與罪愆，慈愛的天父總是願意與我們恢復和好的關係。天父無條件的愛全然的接納我們，祂渴望我們兒女的心回轉，盼望我們可以更深切的知道，祂是我們慈愛的天父，也就是阿爸天父的心，耐心等待兒女回家的心。

和我一起在夢境中遇見神
與神飛揚
在廣闊的天際中

福音叢書EZ002

夢境告訴我的事—在夢境中遇見神

作　　　者／賴性姝
特約編輯／曾雪蘋
版面編排／旭豐數位排版有限公司
封面設計／Ellen Hsieh
出版發行／榮益印刷事業有限公司
地　　　址／新北市中和區連城路236號3樓
電　　　話／（02）8228-1940
總 代 理／財團法人基督教以琳書房
地　　　址／臺北市10686忠孝東路四段210號B1
網　　　址／www.elimbookstore.com.tw
讀者信箱／reader@elimbookstore.com.tw
臉　　　書／www.facebook.com/elimfb
電　　　話／（02）2777-2560 轉211、215
傳　　　真／（02）2711-1641
登 記 證／局版臺業字第2854號
總 經 銷／貿騰發賣股份有限公司
網　　　址／www.namode.com
出版日期／2022年9月一版一刷
再版年份／30 29 28 27 26 25 24 23 22
再版刷次／18 17 16 15 14 13 12 11 10 09 08 07 06 05 04 03 02 01
定　　　價／新臺幣 400 元
Printed in Taiwan.

ISBN 978-986-06670-7-3（精裝）

國家圖書館出版品預行編目(CIP)資料

夢境告訴我的事：在夢境中遇見神 / 賴
性姝作. -- 一版. -- 新北市：榮益印刷
事業有限公司, 2022.09
面；　公分
ISBN 978-986-06670-7-3(精裝)

1.CST: 基督徒 2.CST: 信仰治療

244.92　　　　　　　　　　111012567